相手の**心**をつかみ、売上げを**驚異的**に**アップ**させる方法

テレアポ&電話営業コンサルタント
浅野 哲 著

即効! 10秒で決める テレアポ&電話営業術

Introduction

はじめに

この本を手に取っていただき、ありがとうございます。

この本を手に取ったあなたに、さっそくですが、1つ質問があります。

「テレアポや電話営業に、精神的なストレスを感じていませんか?」

ガチャンと突然切られる恐怖感に対して、かけ続けなければならないというプレッシャーに対して、何らかの悩みを抱えていませんか?

もしもあなたが、仕事として完全にそれらを割り切れるのだとしたら、本書はあまり役に立たないかもしれません。

なぜなら本書は、**あなたが感じているテレアポや電話営業の精神的なストレスを取り除き、成功率を飛躍的に上げることだけを目的として作られ**

た本だからです。

本書を読み終える頃には、あなたのテレアポや電話営業に対する考え方は大きく変わり、その悩みや苦しみから解放されていることでしょう。

なぜなら、**電話1本でアポイントや契約を取ることは、じつは、それほど難しいことではない**からです。

コンサルタントが教えてくれない！ あなたの電話が切られる理由

では、それほど難しくないテレアポや電話営業に、苦手意識を持つ人が多いのはなぜでしょうか？

電話をかけまくっても、いっこうに成功率が上がらないのはなぜでしょうか？

それは、**テレアポや電話営業に関するマニュアルが、あまりにもいい加減だから**です。

そういったマニュアルには
「テレアポは切られて当たり前です。断られることを前提にかけましょう。必ず引っかかってくる人たちがいますから、とにかく数をこなしましょう」

と書いてあります。

決して間違いではありません。

ですが、**人間の心はそんなに強くない**はずです。

一日中、切られると分かっていながら電話をかけ続けるのは、精神的に本当につらいことです。


電話が切られるのには、きちんとした理由があります。

でも、どのマニュアルもコンサルタントも、その理由をきちんと教えてくれません。

私に言わせれば、そんないい加減なマニュアルは、ノウハウでも何でもありません。

テレアポ&電話営業の「基本」から「裏技」までが、この1冊で身につく！

大切なのは、**なぜ電話が切られるのかという理由を知ること。**

そして、**電話を切られないためには、どのようにすれば良いかというノウハウを知ること**です。

本書は、他のマニュアルにも書いてあるような**基本的なことから、裏技まで身につくように工夫**しました。

もうこれ以上、いい加減なマニュアルのもとで仕事をして、テレアポや電話営業が嫌いになる心配はありません。

電話は最初の10秒で全てが決まる！

本書では、**テレアポや電話営業で成功率を上げる具体的なノウハウ**をお伝えします。

Introduction

ほんのさわりだけお話しすると、テレアポや電話営業は最初の10秒で全てが決まります。

その10秒で何を言うかが大事なんです。

もしもあなたの電話がすぐに切られてしまうとしたら、それは根本的に、あなたの電話のかけ方が間違っているんです。

成功率が飛躍的に上がり、電話が楽しくなる!

いずれにしても、本書のノウハウをまず実践してみてください。

きっと、**電話の向こう側から、今までとは違う反応が返ってくる**はずです。

あなたのテレアポや電話営業の成功率は飛躍的に上がることでしょう。

想像してみてください！

電話をかけることが楽しくなっている自分を！

スキルアップすれば、人生が変わる！

また、本書でお伝えするスキルは、テレアポや電話営業の成功率をアップするだけではありません。

なぜなら、**このスキルで「起業」だってできる**からです。

私自身は、今まで、このスキルで起業をしてきました。

本書のノウハウは、**「お金を生む電話の使い方」**でもあります。

小資本、無資本であっても、電話1本で起業することが可能なんです。

Introduction

誰でもゼロから顧客開拓できるテクニック！

私がお伝えしたいのは、**誰もがゼロから顧客開拓できる技術**です。

ですから、本書を手に取ったあなたは、時給1000円で満足せず、ぜひ、その上のレベルを目指してください。

会社が払ってくれる電話代を使って、どんどんスキルアップすれば、独立して年収1000万円を稼ぐことだって夢ではありません。


人生そのものを劇的に変えることだって可能なんです！


余談になりますが、私はこのテレアポ&電話営業のスキルを使って、今、大きなビジネスチャンスを迎えています。

ただ、本書の内容とは少しずれてきますので、ご興味のある方は「おわりに」を読んでください。

第1章では、**「なぜ、あなたのテレアポや電話営業がすぐに切られるのか?」**を解説します。今までのやり方ではダメな理由が分かります。

第2章では、**「テレアポや電話営業に対する心構え」**を解説します。あなたのテレアポや電話営業に対する考え方を根本的に変えてもらいます。

第3章では、**「電話を切られない話し方」**を解説します。誰でも、すぐに実践できるテクニックです。

第4章では、**「心理学を応用した、10秒で相手の心をつかむ方法」**を解説します。

第5章では、**「10秒で決めるスクリプト(電話トークの台本)の作り方」**を解説します。スクリプトは、テレアポや電話営業を成功に導く大切なアイテムです。

第6章では、**「意外と知らないテレアポ&電話営業の基本と常識」**を解説します。他の本にも書いてあるような、テレアポや電話営業の基本をまとめました。

Introduction

本書があなたの悩みを解決し、夢や目標の実現を手助けすることになれば、これほど嬉しいことはありません。
ともに、がんばりましょう。

マスターリンク株式会社　浅野　哲

本文デザイン　panix
DTP&イラスト　白石　知美

Contents

第3章　電話を切られない話し方「5の法則」

Contents

第4章　テレアポ&電話営業は10秒で決める！

第5章　10秒で決めるスクリプトの作り方

Contents

第6章　意外と知らない！テレアポ＆電話営業の基本 〜話し方から心理術まで〜

Chapter

1

なぜ、あなたのテレアポ＆電話営業はすぐに切られてしまうのか？

あなたのテレアポや電話営業が嫌われる理由

「もしもし、わたくし○○会社の浅野と申しますが…」

「え？　何の用ですか？」

「私どもの会社では、格安のジュエリーを扱っておりまして…」

「結構です！」（ガチャン！）


テレアポや電話営業の現場で、よくあるパターンですね。

この瞬間、あなたは
「相手に迷惑がられた」

「相手に悪徳業者のように思われた」

「相手に軽くあしらわれた」

などと思っているかもしれません。

自分のやっていることに対して、後ろめたい気持ちがあるかもしれません。

でも、それは大きな間違いです！

なぜなら、**相手はあなたの話の内容を知らない**からです。
知る前にガチャンと電話を切ってしまっているんです。

では、なぜ電話先の相手は、話を聞く前にガチャンと電話を切ってしまうのでしょうか？
なぜ、あなたの話に聞く耳を持たないのでしょうか？

それは、**あなたの電話を受ける前に、他の会社や他の人から、すでにテレアポや電話営業を受けている**からです。
そして、**ほとんどの方は嫌な思いをしている**んです。
あなたにも、経験がありませんか？

一方的に電話をかけて来られ、一方的に話をされ、ひどいときには一方的に切られてしまう。

こんな電話の暴力が、今では日常茶飯事になっています。

ですから、電話を受ける相手は「テレアポだ！」「電話営業だ！」と思った瞬間に、話の内容とは関係なく電話を切ってしまいます。

まさに、パブロフの犬状態なんです。

あなたがこれから電話をかける相手は、すでに**テレアポの人、電話営業の人から、電話の暴力を受けた経験がある人たち**です。

相手は、はじめてテレアポや電話営業をされるわけではありません。

さあ、ではそういった相手に、あなたはどうやって自分の話を聞かせますか？

「パブロフの犬」とは？

ロシアの生理学者、イワン・パブロフ博士が犬にエサを与えるときに必ずベルを鳴らすようにしたところ、エサがなくてもベルの音を聞くと犬がよだれを垂らすようになったと言います。このことから、「条件反射」のたとえとして用いられます。

あなたの電話の技術は向上していますか？

テレアポや電話営業に関するマニュアルは、若干の差はあるにせよ、ほとんどの会社で同じです。

だいたい、次のような話し方ではじまります。

「私、○○会社の△△と申しますが、今、少しお時間よろしいですか？」

こういう話し方をした瞬間、たいていはガチャンと電話を切られます。

ですが、なかにはきちんと話を聞いてくれる、心の優しい人（暇な人？）もいます。

数はかなり少ない、というか、ほとんどいませんが…。

あなたがやることといえば、そうした人たちに巡り会うために、毎日、毎日電話をかけまくること。

数少ない、話を聞いてくれる人を求めて…。

まさに、「犬も歩けば棒に当たる」方式です。

そうした電話のかけ方を繰り返して、はたして技術の向上はあるんでしょうか？

今までのマニュアルどおりで、本当に大丈夫？

これからお話ししますが、私が電話営業を始めた頃というのは、とりあえず、話だけは聞いてもらえました。

なぜなら、**電話で営業をする人が少なかった**からです。

ですが、今日のようにテレアポや電話営業が横行するようになると、そうはいきません。

相手に話を聞いてもらうためには、やはり、**それなりのスキルが必要**です。

時代に合わせたマニュアルに沿って、意識を持って電話のスキルを磨く必要があるんです。

それでも、あなたは会社が提供してくれる旧式のマニュアルに沿って、電話をかけ続けますか？

あなたは「無一文」になったことがありますか？

突然ですが、質問です。

あなたは人生の中で、お金を全く持たない状態になってしまったことがありますか？

いわゆる「無一文」という状態です。

ちょっと想像してみてください。

もし、仮にあなたが今の職場をクビになり、貯金が底をついて「無一文」になってしまったとしましょう。

そのとき、あなたはどうしますか？

新しい就職先を探しますか？

それとも、起業しますか？

手に職があるならまだしも、何もないとしたら、どうしましょう？


恥ずかしい話ですが、私は人生の中で、4度、無一文になっています。

じつは、つい4年前、財布には280円しかお金が入っていませんでした。

でも、そんな状況の中でも、私には自信がありました。

なぜなら、私は「無一文」になるたびに、電話1本で起ち上がってきたからです。


電話1本でお金を生むコツを、私が知っていたからです。

誰でも使える！　実践・実証済みのテクニック！

人生で4度、「無一文」になり、そのたびに私を助けてくれたのは、電話でした。

無一文になるたびに試行錯誤を繰り返し、そのたびに電話営業で這い上がってきたんです。

普通、人生の中で4度も無一文になる人って、いませんよね？

自分でも、そう思います。（笑）

こういう話をすると、必ず

「4度も無一文になって、そのたびに電話で這い上がってきたということは、浅野さんにはよっぽど電話の才能があるんですね」

と言われますが、いえいえ、全然そんなことはありません。

私は、電話が苦手です。

「えー、そんなことないでしょう？」と言われますが、本当です。

面談で話をするのは別に苦手ではありませんが、電話を前にすると心臓がバクバク言いはじめ、身体が固まってしまうんです。

あなたにも、そんな経験がありませんか？


面談なら、相手の表情が読めますよね？

だから、面談なら相手のおかれた状況が分かります。

面談なら、相手の顔色をうかがいながら話ができます。

でも電話は、相手のおかれている状況が分かりませんよね？

だから、相手の表情も読めません。


そうなんです。

電話は、視覚を使うことができないんです。

目と目を合わせて話をする。

会話の基本力を使うことができないんです。

だから、私は電話が苦手です。


ですから、ご安心ください。

そんな私でも使えるノウハウです。

電話のコミュニケーション能力では並以下の私がうまくいくのですから、この本を手に取るほど意識の高いあなたなら、もっとうまく使いこなせるはずです。

なぜ、他のマニュアル本とは違うことを言うのか？

先ほどお話ししたように、私のテレアポや電話営業のノウハウは、4度の無一文状態から生まれてきたものです。

ですから、**他のマニュアル本とは一線を画した内容**になっています。

もちろん、他のマニュアル本に書いてあるような基本的なことはふまえています。

ですが、基本はあくまでも基本です。

現場では、むしろ使えないことも多い。

ですから、具体的なノウハウのお話をする前に、まず、私のテレアポや電話営業の手法がどのようにして生まれてきたのかを、あなたに知ってもらいたいと思います。

もちろん、ノウハウだけでも十分に使えます。

ですから、ノウハウだけを知りたいという方はこの章を読み飛ばして、第2章から読んでもらっても構いません。

ですが、その成立過程を知ってもらうことで**「なぜ、今までのやり方が通用しないのか？」がはっきりと分かる**でしょう。

成立過程を知ってもらうことで、ノウハウに対する理解が深まり、より知識を吸収しやすくなるでしょう。

その分、あなたの成長速度はドンドン高まっていくはずです。

ド田舎からはじまったゼロからの顧客開拓

私がはじめて電話を使い、見知らぬ相手に営業をしたのは、初めて無一文になったときのことです。27歳の終わりの頃でした。

それまでの私は、かなり派手に稼いでいました。

私が学生の頃、ちょうど大学闘争があって、大学にいっても授業が受けられない、試験すら受けられないという状況でした。

ですから、何もやることがありません。

仕方なく、ラブホテルの経営、コンドームや下着の販売をしたところ、これがバカ売れしました。

今でいう、若手企業家ですね。

当時の月収で100万円以上ありました。

当時、大卒の初任給が3万円の時代ですから、今のお金に換算すると、どれくらいなんでしょう?

とにかく順風満帆な人生を送っていたのですが、そんな私に転機が訪れたのが、27歳のときです。

ある事情から、裸一貫、出直すことになりました。

どうせ出直すなら地縁、血縁など、全く何もない場所がいいと思い、生まれてはじめて札幌に行ったんです。

そして、たまたま北海道新聞の広告に宝石販売会社の営業員募集の記事を見つけ、面接に行きました。

そこで、採用担当者の一言。

「キミは変わっているねー。なぜ、うちのような会社に?」

そりゃ、そうですよね。社員は、地元の人間以外いませんでしたから。

もちろん、即採用でした。

こうして知らない土地で、知らない人たちに混じり、知らない業界で営業社員として、再スタートをきりました。

もちろん周りには、１人の知人もなく、１人の親戚、友人もいません。


つまり、顧客も見込み客も1人もいないということです。


ゼロから、顧客開拓しなければなりませんでした。

当時の私は、営業の基本である飛び込みの経験もありませんし、どこに行けば飛び込み訪問すべき家があるのかも分かりませんでした。

家が遠くて、しかも寒い！

今でも忘れません。はじめて連れて行かれた営業先は、屯田というところでした。石狩平野のど真ん中です。

訳も分からないうちに、先輩が言いました。

「さあ、行け！　夕方5時にここで落ち合おう！」

さあ行けって、いったいどこへ…？

どう見ても、家なんて飛び飛びにしかありません。しかも、ものすごい吹雪です。

でも、ただ突っ立っていたら凍死してしまいますので、まず1軒の家の前に立ち、ベルを鳴らしました。

ピンポーン。

でも、ドアを開けてくれません。

当然ですよね。

吹雪の日に、どこの誰だか分からない人が訪ねてきているわけですから。

仕方なく次の家に行くんですが、何しろ田舎です。

次の家に行くのに10メートル以上、歩かなければなりません。

しかも、吹雪です。

次の家に行くには、人の歩いてない30センチぐらい雪が積もってるところを、ズボッズボッと雪の中を渡らないといけません。

でも、行くしかありませんでした。

行きましたけど、また開けてくれません。

もういい加減、嫌になりますよね、また次の家に行くの。

でも行くしかないわけです。

11番目の声が、「行け！」と言う

何軒か回っているうちに、自分の中で、次の家に行かない理由が10個浮かんできました。

寒いし、疲れたし…。もういいだろう、と。

ところが、11番目の声が言うわけです。

足跡がないということは、家から外へ出ていないということだろう？

家にいる可能性の方が大きいぞ、と。

人間って、考え方1つで変わりますよね。

迷いましたが、行きました。

もし、この家で話を聞いてもらえなかったら、また雪の中を次の家へと歩かなくてはいけないから、本当に必死でした。

そうしたら、その家は開けてくれたんです。

「寒かったでしょう。こちらにどうぞ」

と言って客間に通してくれて、しかもお茶まで入れてくれました。

お茶を入れてくれたということは、長居してもいいということですよね？

当時の私と同じくらいの年齢の女性でしたが、結果、契約してくれました。

そのときに思ったのは
「営業ってスゴい。見知らぬ人がドアを開けて、お茶までご馳走してくれ

る！」ということでした。

仕事は成功！　でも憂鬱…

その日はもういいやと思い、待ち合わせの場所に向かいました。
すると、先輩がびっくりしていました。
「いやー、浅野君、初日から売れるなんてすごいね！」
会社に帰って結果報告をしたときにも、同じ反応が返ってきました。
会社のみんなが喜んでくれたのですが、私自身は憂鬱でした。
また、明日も雪の中をあてもなく歩き続けるのかな…。
今日は売れたけど、明日も売れるとは限りません。
誰か、話だけでも聞いてくれる人はいないかな…。
家に戻る気にもならず、会社の机で１人、ボーっと考えていました。

天の啓示！　それは…

そんなとき、机の上にある電話帳に気がつきました。

何気なく開いてみると、電話帳には、名前と電話番号、おまけに住所まで載っています。

「コレだ！」と思いました。

電話帳に載っている全員が見込み客に見えました。

電話帳がお客さんを紹介してくれているように見えたんです。

テレアポ・電話営業との出会い

翌日から、電話をかけはじめました。

電話を使っての、ゼロからの顧客開拓です。

当時は、「テレアポ」や「電話営業」なんていう言葉すらありませんでしたから、今と違い、即電話を切られるということはありませんでした。

一応、話は聞いてもらえます。

「私、〇〇宝石店の浅野と申しますが、宝石に興味ありませんか？」
するとお客さんは
「私には宝石なんて、とても買えないわ！」
「興味がないわ！」

お客さんの断り文句は、大きく分けてこの2つでした。

販売商材が宝石ですから、いきなり買ってくださいという話をすると、まず断られました。

今の時代も同じですが、**高額商品は、断られる率が高い**んです。

とにかく、会話が続きません。

「いらない」と言われてしまえば、それまでだからです。

宝石は買えない！　でも…

ところが、電話をかけてみて意外だったのは、買ってはくれないけれども、**宝石に興味を持っている人が多い**ということでした。

当時は、「金のかまぼこの指輪」というものが流行っていました。

これはただの金の輪っかの指輪ですが、当時、これが結婚指輪になっていたんです。

ですから、宝石を持っている人が意外と少なかったんですね。

今のように宝石のついた結婚指輪を持っている人が少なかったんです。

だから、買えないまでも、宝石には興味を持っているわけです。

興味があるということは、立派な見込み客ですよね？

どうやったら、「見込み客」は「顧客」になるのか？

そこで「**会話が、長続きする方法はないかな？**」と考えてみました。

会話は、基本的にキャッチボールです。

長続きする会話を考えてみると、相手に質問を繰り返していることに気づきました。

相手に質問をすれば、必ず答えてくれるんだなということに気づいたんです。

分かりますよね？

電話をかける前に、あらかじめ相手に質問する項目をいくつか作っておけば、その中で何か共通の話題ができるんです。

そこでまず、最初の話の切り口を考えました。

考えた結果、みんなの興味、関心があるのは、**自分の誕生石**だろうと思いました。

そこで、誕生石に関するアンケートを作り、電話をかけ始めたんです。

スクリプトの原型ができた！

アンケートのはじまりは、こんな感じでした。

「誕生石はお持ちですか？　ご自身の誕生石は何かご存知ですか？」

みなさん、だいたい自分の誕生石は知っています。続けて

「それでは、石言葉はご存知ですか？」

だいたい、みなさん知りませんでした。
ですから、例えば4月の誕生石はダイヤモンドで、永遠の愛ですよとか、7月の誕生石はルビーで、石言葉は、熱情、闘争心です、とかやるわけです。

そんな話をしているうちに

「じつは誕生石を持ってると、こんないいことがありますよ。それじゃあ、説明だけでも、お聞きになりませんか?」

と、アポイントにつなげていきました。

アンケート用紙を作り、調査をやってること自体が、今で言うスクリプト（電話トークの台本）に自然となっていたんですね。

アンケートで売上げが4億から40億へ！

そうこうしているうちに、私の営業成績はグングン上がっていきました。

そこで私は、自分のやっている電話アンケートを全社的にやろうと提案し、企画室長に抜擢されました。

新入社員なのに、全社員に電話営業のノウハウを指導する立場になってしまったんです。

そして、これが大当たりしました。

私が入った当時、その会社の売上げは4億円そこそこでしたが、7年後には40億円になってました。

そこで私は今につながる、重要な教訓を得たんです。

アンケート（スクリプト）をいかに作るかで、売上げは大きく変わる！

会社でクーデター！　そして、また無一文に…

当時、アンケートを使った電話営業は画期的でした。

この頃の私は、社内だけではなく、リクルートや船井総研（当時は日本マーケティングセンター）の依頼を受け、外部のコンサルタントや講演をするようになっていました。

この手法で順風満帆に売上げを伸ばしたわけですが、こういう急進的なやり方をすると、それを面白く思わない人たちが必ず出てきます。

時代の常ですね。

会社でクーデターが起き、7年目で会社を追われてしまいました。

そこで、人生2度目の無一文になってしまいました。

ですが、このときには、焦りはありませんでした。

なぜなら、電話営業でコンサルタントをしてきた実績とノウハウがあったからです。

アンケートを使った電話営業をすれば、起業できる自信があったからです。

電話営業のノウハウで、いつでも起業できる!

2度目の無一文になったときは、電話営業でブライダル関連の事業を起こしました。

具体的には高校の卒業名簿を入手し、アンケートを作って電話をかけまくりました。

この事業は大成功しましたが、7年後、取引先に1億円を持ち逃げされ、倒産してしまいました。

とうとう、3度目の無一文です。（笑）

でも悩んでいる暇はありません。

再び電話1本で起業し、新しい会社の経営を軌道に乗せました。

この会社も順調に行ったんです。

ですが、ふと

「自分の人生は、こんなことの繰り返しで終わるのかな…」

という思いが沸き上がってきました。

思い立ったら、すぐ行動です！

一念発起し、北海道大学の法学部に入学して、弁護士を目指すことにしました。

何で弁護士だったのかというと、人を使わずに、自分1人の力で仕事がしてみたかったんです。

若いときに私より成績が悪かった人が医者や弁護士になっているので、まあ、3年もすれば司法試験に合格できるだろう、と。

ただ、人生、そんなに甘くないんですよね…。

結局、5年間勉強しましたが、資金が底をつき、学業を続けられなくなってしまいました。

ついに4度目の無一文です。

財布には、280円しかありませんでした。

そこで、社会復帰にあたり、テレアポと電話営業のコンサルタントを再開させることにしたんです。

今までのやり方が通じない！

この時にコンサルタントを引き受けたのは、ある呉服屋さんでした。

問屋の新規開拓を請け負ったんですが、これがうまくいきません。

なぜかというと、**まともに話を聞いてもらえない**んです。

どこの問屋さんにも既存の取引店があって、新規開拓しようという発想がないからです。


そこで、どうしたら話を聞いてもらえるんだろうかと考えました。

考えに考えて、ある仮説を立てました。

はじめに「○○呉服店の浅野ですが…」と言うと、お得意先でないことが分かって、すぐに電話を切られてしまいます。


だったら、最初に名乗らなければいいんじゃないか？

とりあえずやってみました。

すると、**非常にいい成果が出たん**です！

この発想が、「10秒で決めるテレアポ&電話営業術」の原点になりました。

結果が出たことで、自分の仮説が正しいという自信が生まれたんです。

他と同じことをやっていてはダメ！

テレアポや電話営業は、まず話を聞いてもらえなければ意味がありません。

私が電話営業をはじめた頃というのは、電話営業に対する世間の抵抗というものがほとんどありませんでした。

ところが、今の時代、悪質なものも含めて、テレアポや電話営業が横行しています。

お客さんが身構えてしまっていて、まず、まともに話を聞いてもらえませんよね？

テレアポだな、電話営業だなと思われた瞬間に、電話を切られてしまうんです。

先ほどもお話ししましたが、どのような業種であれ、どのような案内であれ、テレアポや電話営業はこのような話し方ではじまります。

「もしもし、わたくし○○会社の浅野と申しますが、△△様のお宅でしょうか？　お忙しいところ申し訳ありませんが、少しお時間よろしいですか？」

こういう話し方をした瞬間、電話を受ける相手は、テレアポだな、電話営業だなと察知します。

テレアポや電話営業に対して敏感になっているので、**過剰なまでの拒絶反応**を示します。

ですから、話の内容とは関係なく、電話を切ってしまうんですね。

では、どうしたらいいのか？

結論は１つです。

他の人と違うことをやればいいいんです。

電話を受けた瞬間に**「この人は違う！」**と思わせればいいんです。

結論！　テレアポ＆電話営業は最初の10秒が勝負！

相手が電話に出た瞬間、「他のテレアポや電話営業とは違う！」と思わせなければなりません。

そのためには、**相手が電話に出て、最初の10秒が肝心**です。

どんなに忙しい人でも、10秒ならば話を聞いてくれます。

その10秒で何を言うか？

そこが勝負の分かれ目になります。

まったく新しいノウハウが必要！

このように、私のテレアポや電話営業のテクニックは、失敗と試行錯誤を重ね、時代に合わせて作り変えてきたものです。

もちろん、時代に関係なく、普遍的なマニュアルの部分もありますが、もはやそれだけでは太刀打ちできません。

いろいろな方法を試してきて言えることは、**今までのマニュアル本どおりにやっても、結果は出ない**ということです。

では、具体的にどのようにすればいいのでしょうか？

それを、次章でお話しします。

第2章では、まず、**あなたのテレアポや電話営業に対する考え方を根本的に変えてもらいます。**

なぜなら、あなたは知らず知らずのうちに、テレアポや電話営業に対して、**「間違った考え方」**を持ってしまっているからです。

そこを意識的に変えていけば、**あなたのテレアポや電話営業はガラリと変わってきます。**

まとめ

- テレアポや電話営業が横行しているため、話の内容を聞く前に電話が切られてしまう
- 電話を切らせないための、新しいノウハウが必要
- スクリプト（アンケート）をいかに作るかで、売上げは変わる
- テレアポや電話営業は最初の10秒が大事

Chapter 2

あなたのテレアポ＆電話営業の考え方を根本的に変える！

「テレアポ」と「電話営業」の違いが分かりますか？

ところで、あなたは「テレアポ」と「電話営業」の違いをはっきり言うことができますか？

テレアポや電話営業で結果を出すためには、まず、この違いをきっちり認識することが大切です。

セミナーなどをやっていても、この質問をすると、まわりがざわめきます。

だいたいみなさん、この違いが分かりません。

この違いを答えられる人は、ほとんどいません。

それぞれにどのような役割があるのかを、まず、しっかりと理解しましょう。

テレアポは読んで字のごとしです。

テレフォンアポイントメント。

つまり、目標は**アポイントを取ること**です。

アポイントにもいろいろありますよね？

資料送付のアポイント、訪問のアポイントなど、さまざまです。

では、そのアポイントを取った後、どうしますか？

専門の営業社員に訪問してもらうのか、それとも自分で訪問するのか、それとも資料を送るのか？

例えば時給１０００円のパートさんやアルバイトの方のテレアポの場合、テレアポをする人と、本来の意味の仕事をする人とは別人になります。

どういうことかというと、つまり、**アポイントを取った人（テレアポの人）とは別の人（営業社員）が、お客さんのところに訪問します。**

この場合、テレアポの仕事は、とても**「機械的」**だと言えます。

なぜなら、**全体の仕事の中の一部分にすぎない**からです。

この場合、電話を使っての営業というより、電話に使われているといった方がいいのかもしれません。
ビジネスの一工程を担い毎日、毎回同じ言葉を使い、同じ作業をします。
義務的で、個性を発揮しにくい作業ではないでしょうか？

「電話営業」「戦略的テレアポ」を意識しよう！

これに対し、「電話営業」とはいったい何でしょうか？
電話営業は**契約を取る**のが目的です。
売上げを作るのが目的です。
電話営業の「テレアポ」は**アポイントの先にある契約を考えての「戦略的テレアポ」**になります。

分かりますよね？
前者の「機械的テレアポ」と後者の「戦略的テレアポ」は違います。
電話営業の「戦略的テレアポ」は、訪問の約束を取る場合もあれば、資料を送る約束をする場合もあります。

この点は「機械的テレアポ」と同じですね。

しかし、その全ては契約を取る、売上げを作る。

その流れの中の1コマにすぎないんです。

「アポイントを取った後は、どうなっても知りません」という機械的なテレアポとは違うんです。


私が言いたいのは、本書を読んでいるほどの意識の高いあなたにはぜひ、「電話営業」「戦略的テレアポ」を強く意識して欲しいということです。

常に最終目標の契約を頭に入れて「どうテレアポをしたら良いか?」を考えて欲しいんです。


もし、あなたが今、時給1000円でテレアポの仕事をしていたとしても、**「戦略的テレアポ」を意識するだけで、あなたのスキルは大きく変わっ**

てきます。

なぜなら、「戦略的テレアポ」を意識してスキルを磨けば、それは「起業」にも通じる立派なスキルになるからです。

もちろん、**テレアポの成功率が飛躍的に上がる**のは、言うまでもありません。

ですから、今後は、会社のマニュアルどおりにテレアポをするのはやめましょう。

会社のマニュアルどおりに「機械的テレアポ」を繰り返していても、時間の無駄です。

「機械的テレアポ」をこなす毎日では、身も心も疲れ果ててしまいます。

これは、今、「電話営業」の仕事に携わっている人にも同じことが言えます。

あなたのテレアポは「機械的テレアポ」になっていませんか？

「犬も歩けば棒にあたる」方式で、機械的に電話をかけていませんか？

テレアポとは、あくまで契約を結ぶまでの一部分にすぎないんです。

電話営業の人にとって、アポイントを取ることは、契約を取るという目的を達成するための手段にすぎないんです。

ですから、あなたが今、テレアポの仕事をしていたとしても、電話営業の仕事をしていたとしても、「戦略的テレアポ」を強く意識してください。

ＴＤＴＨの法則

あなたは「ＴＤＴＨの法則」をご存知ですか？

Ｔは**「テレフォン（電話）」**です。

Ｄは**「ＤＭ・情報」**です。

Ｔは**「テレフォン（電話）」**です。

Ｈは**「訪問・契約」**です。

これは、見込み客や顧客との距離の長さ、密着度により、どの部分から何回、どの作業をすることにより契約を取ることができるかを示す法則です。

分かりづらいと思いますので、具体例を使って説明します。

仮に、電話帳から見込み客を得たとしましょう。

電話帳の名前の人はあなたとは何の関係もない人たちです。

電話帳のリストの人たちは、あなたとの出会いがこれからはじまることは知りません。

これらの人たちは、あなたが電話を通じて会話をするまでは、全く無関係の人たちです。

その人たちの中から売上げを作るには、**1度目の「T」（電話）からはじめなければなりません。**

そして、**4段階目の「H」（訪問）まで、たどり着かなければならないんです。**

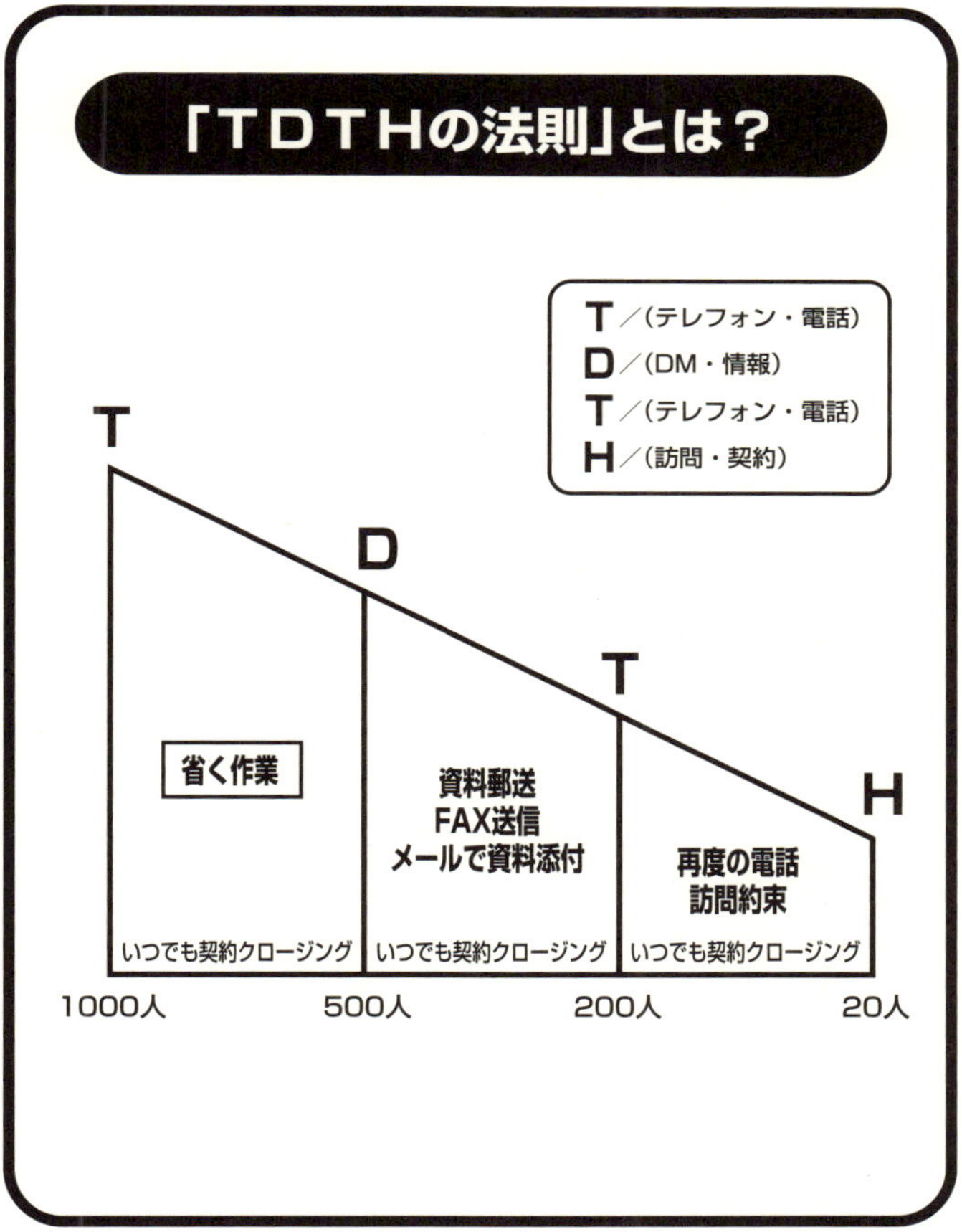
「TDTHの法則」とは？
T／（テレフォン・電話）
D／（DM・情報）
T／（テレフォン・電話）
H／（訪問・契約）
T
D
T
H
省く作業
資料郵送
FAX送信
メールで資料添付
再度の電話
訪問約束
いつでも契約クロージング
いつでも契約クロージング
いつでも契約クロージング
1000人
500人
200人
20人

1番目の「T」は省く電話

全くの無関係から関係を作る電話は「省く電話」になります。

大事なので、もう一度言います。


「省く電話」です。


ここで大事なのは、1番目の電話は、**あなたの話を聞いてくれる人や会社を見つけるのではない**ということです。

1番目の電話は、**あなたの話を聞く姿勢になれない人や会社を省く**んです。

見込み客になりえない人たち、やはり無関係だったなという結論に達する人たちを、あなたのリストから省く電話です。

例えば、個人相手に電話帳からテレアポや電話営業をしようとする場合には、電話先にどんな人が出るのか分かりませんよね？

男性なのか、女性なのか、若いのか、年配なのか、電話で声を聞くまでは分かりません。

自分の販売しようとする商材がオールマイティに必要とされる商材ならいいですが、そうでない場合には、見込み客になれる人とそうでない人を選別する電話が必要になります。


その電話で残った人たちだけが、**見込み客のリストに入り、アプローチする対象に変わる**んです。

この「省く」という発想が、「戦略的テレアポ」をするための第一歩になります。

御用聞きをする必要はない！

最初の電話は、「省く電話」です。
たいていの人は、この段階の電話で申し訳なさそうに、自信なさそうに電話をしています。

ですが、それは間違っています。

なぜなら、電話先の相手は、まだあなたにとっての大事なお客様のリストに加わっていない人たちだからです。
いわば、**対等の関係の人たち**なんです。

ですから、御用聞きのような電話をする必要は一切ありません。
むしろ堂々と**「私の話を聞く姿勢にありますか?」**と聞きましょう。

堂々と、毅然として伝えたい情報をはっきり、きちんと伝えましょう。
それでも、ガチャンと切る人は、あなたの見込み客リストには入らない人たちですから、とりあえず、リストから外します。

見込み客リストに残るのは、どのくらいか？

電話帳のリストから見込み客リストに残るのは、どのくらいだと思いますか？

もちろん、電話営業する業種によって違いますが、私の経験上、**消費者（個人）対象であれば、5〜10％くらいでしょう。法人相手ならその倍くらいで、10〜20％くらいです。**

もしあなたが、このくらいの数を見込み客リストに載せることができなかったとしたら、それは電話のかけ方に**改善の余地**があるということだと考えてください。

見込み客リストは、将来のあなたを助けるものです。

見込み客リストを準備せず、電話帳に直接書き込んだり、会社から渡されたリストにそのまま書き込んだりする人がいますが、それでは「戦略的テレアポ」を行うことができませんので、注意しましょう。

2番目の「D」はDM

「T」（省く電話）の後は、「D」です。

この「D」はDMのことで、情報を電話先の相手に送ることです。

この際、相手に情報を送る方法として、できるだけ、その場でFAXをすることをオススメします。

その場でFAXをするというのがポイントです。

そのために、**必ず相手のFAX番号を聞きましょう。**

ＦＡＸ番号を聞いておくと、次の段階からのアプローチがとてもやりやすくなります。

なぜ、その場でＦＡＸをするのか？

なぜ、その場でＦＡＸをするのかというと、**電話先の相手にその場で情報を見てもらうため**です。

話の流れとしては、こんな感じです。

私「では、〇〇様に必ずお役に立つ情報（小冊子）お送りしますね」
相手「はい」
私「ＦＡＸ番号教えていただけますか？」
相手「は、はい…（何でＦＡＸなの？）」
私「（当然という構えで）今送らせていただきますから」

ＦＡＸをしたら、すぐ3番目の「Ｔ」（テレフォン）

その場でＦＡＸをして資料を見てもらう。
これがポイントなんです。
そして、ＦＡＸをしたら、すぐに３番目の「Ｔ」、つまり電話をしましょう。

私「ＦＡＸは届きましたか？　ご覧いただきましたか？」
相手「いや、まだです」
私「では、今、お手元にありますか？」
相手「ちょっと待ってください」

とにかく、その場で見てもらうことです。
今、ＦＡＸをしたのに見てもらえなかったら、一生見てもらえませんよ。

私「いかがですか？　分かりにくい点はありませんか？」
相手「いや、ありません」
私「そうですか。では、ご検討ください。よろしくお願いします」

いやいや！
これではダメです。
FAXを見てもらい、電話するまでは良かったのですが、最後のツメが甘い！
これでは、成功とは言えません。

常にクロージングを考える！

「戦略的テレアポ」では、**常にクロージング（契約）のチャンスを見すえながら、会話を進めて行きます。**
常に臨戦態勢です。

ですから、**価格の安い商材であれば、ここでクロージングしてしまうの**も1つの手です。

この電話でクロージングできるのであれば、わざわざ、4番目の「H」、つまり訪問（面談）する必要はありません。

この際、クロージングのテクニックとして有効なのは、**電話先の相手が受けることのできる利益を具体的に伝える**ことです。

例えば、先ほどの会話なら、こうなります。

> 私「いかがですか？　分かりにくい点はありませんか？」
> 相手「いや、ありません」
> 私「そうですか。ご覧のとおり、当社の○○を使えば、○○様の経費が年間で約20％削減できるんです。すぐにでもお使いください」

価格の安い商材なら、電話1本で決める。

これが「電話営業」です。

価格の高い商品は、4番目の「H」(訪問)で決める!

とはいっても、価格の高い商材を扱っている場合、そんな簡単にはいきませんよね。

当然、訪問(面談)をしなければなりません。

3番目の「T」(電話)で、4番目の「H」(訪問)の約束を取りつけなければなりません。

もしあなたがFAXで資料を送った場合には、その場で電話をして、面談の約束を取りつけます。

もし郵送で資料を送った場合は、地域により要する日数が違いますので、資料が着いた頃に電話をします。

いずれにしても、3番目の「T」（電話）は、2度目の電話になりますから、担当者の名前を知っています。

電話先の相手も電話が来た理由を知っています。

2度目の「T」（電話）は、相手の期待を裏切らない！

ですから、この電話のときには、それまでに伝えた情報以上の情報を用意しましょう。

2度目の電話が、1度目の電話の繰り返しになるようでは準備不足です。何より、電話先の相手は期待を裏切られたような気になります。

2度目の電話は、**一般的な話から、個別の具体的な話に落とし込んだ情報の提供でなければいけません。**

この段階でしっかりした会話ができないと、4段階目の訪問（面談）まではいけません。

ですから、**この2度目の電話は非常に大事**です。

当然、電話をかける前に、スクリプト（シナリオ）を作ります。

このスクリプトの作り方については、第5章で詳しく説明します。

この章では、面談の約束を取りつけるために必要なことを、大まかに話しておきましょう。

続きはコマーシャルの後で

面談の約束は、どのように取りつければいいのでしょうか？

この時に有効なテクニックと話法を教えましょう。

訪問の約束を取りつける有効なテクニックは、すべての手の内を見せてしまわないことです。

電話で全てを伝えないことです。

テレビ番組でもよくありますよね？

視聴者を引っ張るだけ引っ張って**「続きはコマーシャルの後で」**っていう、アレです。

続きを見たいから、コマーシャルの間にチャンネルを変えることができません。


「電話営業」「戦略的テレアポ」では、あの手法を使います。

全てを伝えてしまったら訪問（面談）する意味がなくなります。

ですから、あくまで「続きは面談の後で」なんです。

電話先の相手の興味、関心をひきつけたら

「詳しくは具体的な資料をお持ちしてお話しさせていただきますので、今週末に1時間くらいお時間いただけますか？」

と、具体的な面談の話を始めましょう。

このとき、相手が強い興味を示している場合は、話は簡単です。

ですがもし、相手が迷っている場合は、どのように話を進めたらいいのでしょうか？

相手に断られない質問テクニック（二者択一法）

迷っている相手との面談の約束を取りつける際には、**ちょっとした心理テクニック**を使いましょう。

例えば、こんな具合に話を進めます。

「来週の月曜日と火曜日では、どちらが時間を取りやすいですか？月曜日の朝一番はいかがでしょうか？　○○様にとって朝一番は9時くらいでしょうか？」

とたたみかけるように、リズミカルに話します。

この質問のポイントは、月曜日か火曜日かを選択させることです。

いわゆる**二者択一法というテクニック**です。

二者択一法とは、**必ずどちらかを選んでもらえるように、2つの提案をするテクニック**です。

例えば、好きな相手を食事に誘いたい場合**「食事に行きませんか?」**と誘えば、答えは「行きます」か「行きません」ですよね?

この質問のしかたでは「行きません」と言われたらおしまいなんです。

目的を達成できませんね。

ですから、相手を食事に誘いたい場合、二者択一法を使って「和食と洋食はどちらが好きですか?」と聞きます。

相手は一般的な話だと思っていますから、必ず答えてくれます。

仮に、相手が「洋食が好き」と答えたとしましょう。

すかさず、あなたは聞きます。

「二者択一法」とは？

２つの提案をして相手に選ばせることで、相手に「NO」と言わせないためのテクニック。

★「NO」とは言わせない言葉の使い方をする

「じゃあ、最近評判のA店とB店ではどちらに行きたいですか？」

相手が「A店がいいな」と言ったら、「では予約しますから、平日と土日ではどちらが良いですか？」と、話をドンドン進めてしまいます。

もう1つの心理テクニック（推定承諾法）

じつはこの会話には、もう1つの心理テクニックが隠されています。それは**推定承諾法というテクニック**です。

面談営業でもよく使われるテクニックですが、電話営業でも有効です。

推定承諾法とは、**相手が「良いよ」と言っていることを前提に話を進めるテクニック**です。

分かりますよね？

食事に誘いたい相手はこの場合、食事に「行く」とも「行かない」とも言っていません。

「和食と洋食、どちらが好きか?」「A店とB店、どちらに行ってみたいか?」に答えただけです。

それがいつの間にか、「食事に行く」という話になってしまいました。

なぜ、こういう話の流れになってしまったんでしょうか?

それは、質問をする側がすでに、**「食事に行くことを前提」**にしていたからです。

「食事に行かない」ということは、選択肢にないんです。

あくまで食事に行くことを前提に話を進めているからなんです。

推定承諾法を使えば、面談をするのが当然！

ですから、相手が面談するのを迷っている場合、約束を取りつけるために「面談することを前提」にして話を進めましょう。

自信のある商材ならば、相手が自分と面談するのは、当たり前なんです。**面談することを前提にして、面談の日にちを相手に選ばせるのが、約束を取りつけるコツ**です。

面談さえできれば、あなたの商材の魅力を、相手に伝えることは難しくありません。

「推定承諾法」とは？

相手が「YES」ということを前提に話を進めていくテクニック。

★相手が買うか買わないか、まだはっきりしていない段階でも、買うものと決めてかかり、話を進める。

面談日の前に必ず電話を入れよう！

面談の日が決まったら、その前日に必ず、電話を1本入れましょう。
そこで、わざと聞くんです。

「最寄の駅はどこがよいでしょうか？」
「ご近所に何か目印になるものはありませんか？」
「ご近所まで行って場所が分からなかったら、もう一度お電話を差し上げてよろしいでしょうか？」

そして、お礼を言います。

「ありがとうございます。では明日○時にお伺いさせていただきますので、よろしくお願いいたします」

じつは、この会話には深い意味があります。

今の時代、「Yahooの地図案内」も「Google Earth」もありますから、自分で調べようと思えばいくらでも調べることができますよね。

でも、**あえて聞く**んです。

心理的に、人は教えたり、教えられたりすることによって、相手との距離が近くなるんです。

簡単で、誰にでもできるテクニックですので、ぜひ実行してください。

はじめから契約を頭に入れよう!

いかがですか?

「戦略的テレアポ」は、「機械的テレアポ」と違い、はじめから「TDTH」

という4つの段階を頭に入れています。

63ページの表にあるように、**1000人を20人に絞り込む作業**なんです。

このことが分からないと、あなたの電話はいつまでたっても「機械的テレアポ」のままです。

それに対して、「電話営業」や「戦略的テレアポ」は、最初から「TDTH」の「H」である訪問（面談）、そして、契約というゴールを見すえて電話を使います。

一方、**「機械的テレアポ」は「TDTH」の最初の部分の「T」（電話）のことしか考えていない**んです。

会社側からすれば、パートやアルバイトでテレアポをしている人が契約を取ることなど、最初から期待していません。

ですから、型どおりに決められたことをしながら、時間だけが過ぎていくんです。

そこに能力や技術の向上はありません。

ですから、明日のあなたが、今日のあなたより劇的に収入が良くなることはないんです。

業界で当たり前と言われている方法に縛られ、じつはテレアポや電話営業の本質を知らない上司に縛られたままでは、ダメなんです。

あなたも「電話営業」「戦略的テレアポ」の人に必ずなれる！

一方、「電話営業」は最初から、契約を取ることを会社から期待されています。

なのに、「機械的テレアポ」と同じ電話の使い方をしても、絶対にいい結果は出ませんよね？

やはり、電話営業では「戦略的テレアポ」をする必要があります。

本書を手に取るほど意識の高いあなたは、今の仕事が時給１０００円のテレアポの仕事であったとしても、電話営業の仕事であったとしても、ぜひ、「戦略的テレアポ」のスキルを身につけてください。

隣のデスクでテレコールをしている人と同じことをしていたなら、あなたはいつまでたっても時給1000円の「機械的なテレアポの人」から抜け出せません。

ただ、やみくもに電話をしていても、絶対に結果は出ません。

「戦略的テレアポ」をするために、必要なこと

ところで、「戦略的なテレアポをする人」と「機械的なテレアポをする人」の決定的な差は何だと思いますか？

年齢でしょうか？

能力でしょうか？

経験でしょうか？

全て違います。


ここまで、本書を読んでいただいたあなたなら、もう分かりますね？

そうです。

決定的な差は、**意識の差**です。

ただ、意識が違うだけなんです。


受話器を手にしたとき、「機械的なテレアポの人」になるか、「戦略的なテレアポの人」になるか？

意識の持ち方で、電話の使い方が変わります。

話のしかたが変わります。


電話を通じて、自分の目標を達成する。

電話を通じて、自分の能力を高める。

電話を通じて、自己実現をする。
そんな意識を持ちながら電話をすれば、電話の1本1本があなたの力を増殖させます。

意識を持つのにお金はいりません。
意識を持つのに経験はいりません。
意識を持つのに学歴はいりません。

必要なのは、「意識を持つ」という意識を持つことなんです。

具体的には、**1本1本の電話をトレーニングだと意識しましょう。**
電話先の相手はあなたの先生です。
電話先の相手は、あなたにお金の生み方を教えてくれる先生なんです。

Chapter 2

テレアポや電話営業に対する考え方が変わったら…

いかがですか？

これで、あなたのテレアポや電話営業に対する考え方は**180度変わったこと**と思います。

ですから、次章では、いよいよ具体的なノウハウをお話ししましょう。

第3章では、**「電話を切られない話し方」**を身につけましょう。

そのために、すぐに電話を切られてしまう人の話し方を見ていきます。

すぐに電話を切られる人は、どのような電話のかけ方をしているのか？

あなたも思い当たる点があるかもしれません。

もちろん**「何を話すか？」**は重要ですが、**「どう話すか？」**も、テレアポや電話営業を成功させる点で重要です。
最初の10秒で「この人は違うな！」と思わせるために、すぐにガチャンと電話を切られてしまう人の話し方を研究しましょう。

あなたが成功しようと思うなら、その逆をやればいいんですから。

まとめ

●会社のマニュアルどおりの「機械的テレアポ」では、技術の進歩はない
●契約を見すえた「電話営業」「戦略的テレアポ」を意識しよう
●「ＴＤＴＨの法則」（省く電話など）を意識しよう
●御用聞きの電話はしない
●常にクロージングを考えよう
●二者択一法、推定承諾法などの心理テクニックを使おう

Chapter 3

電話を切られない話し方「5の法則」

テレアポや電話営業は断られるのが前提？

そもそも、なぜテレアポや電話営業は嫌われるのでしょうか？

すぐに電話を切られてしまう人を参考にして、理由を考えてみましょう。

問題点①
一方的に電話をしてきて、自分から電話を切る

まずは、**電話をかけるタイミングの問題**です。

テレアポや電話営業はたいていい見知らぬ人に、見知らぬ会社に一方的に電話をします。

相手が、食事をしているのか？

家事をしているのか？

会議中なのか？

重要な商談中なのか？

知ることも見ることもなく、一方的に電話をします。

あなたにも思い当たる点があるでしょう。


また、**相手のニーズ**も知りません。

自分の提供するものを相手が喜ぶのかどうかも知らずに、勝手に、一方的に、何かしらのリストをもとに電話をかけます。

電話帳でランダムに、「あ行」からかける場合もあるでしょう。


こういう電話をかける人は、とりあえず情報を伝え、興味を持ってくれたら深追いしてやろうと思っているんですよね。

100件かけて1件の見込みが取れればいい、と。

最初から「偶然引っかかってくれればいい」くらいの気持ちで電話をかけています。

コンサルタントの先生によっては「最初から断られるのが当たり前と思って電話をすれば、切られたときのショックがないから、切られて当たり前だと思って電話をしましょう」とアドバイスする人もいます。


ですが、私だったら、**絶対にそのような電話のしかたは教えません。**

なぜなら、そのような電話のかけ方では、ガチャンと切られた瞬間に、電話先の相手に、自分の存在を忘れ去られてしまうからです。

それでは、何も積み重なりません。

最初から断られることを前提に電話をかけていては、先につながらないんです。


私の会社に、1週間に1度は必ず電話をかけてくる会社があります。

その会社は、誰が電話をかけてきても、いつも同じ対応です。

「社長様はいらっしゃいますか？」

私は会長なので、「いません」と答えると

「では、また改めます」と言って、電話を切ります。

これでは、もう一歩先に行くことはできません。

「切られるのが当たり前」というのがありありだからです。

電話をかけてきた担当者が、「切ってくれてありがとう」と言わんばかりにホッとしているのが感じられます。

もう一歩先に行くために「○○のご案内ですが、ご担当者様お願いできますか？」くらいは言いましょう。

（解決策）自分から電話を切らない

テレアポや電話営業の担当者は、決して自分から電話を切るようなことがあってはいけません。

相手に切られてしまうまでは、主体的に話を進めましょう。

電話を切られるにしても、**必ず次につながる会話で切られるように努力**

するんです。

例えば、「○○社長様いらっしゃいますか？」という問いかけに、「社長は出かけています」という答えだったとしましょう。

そのときには、**「普段、○○社長様は何時頃ならいらっしゃいますか？」**と聞いてみましょう。

一歩でも前進できるように、1つでも多く情報が取れるように、電話を切られるまでは当たり前のように話を進めましょう。

「FAXと電話番号は同じですか？」
「明日は、○○社長様はいらっしゃいますか？」

電話を切られる間際の一言が、次につながるかもしれません。

問題点②
早口でまくしたてる

テレアポや電話営業に携わっている人は毎日、毎時、毎分電話をかけ続け、ガチャンと切られ続けます。

ですから、電話を切られるのには慣れていますが、やはり心のどこかの**「切られることが怖い」**という気持ちは消せません。

どんなに神経が太い人でも、どんなに慣れた人でも、ガチャンと切られるのは、やはり怖いものです。

嫌な気分になりますよね。

ですが一方で、**自分の提供する商品、情報はいいものだと思っているんです。**

少なくとも会社からはいい商品だと洗脳されています。

ですから、話さえ聞いてくれたら、話さえ最後まで聞いてもらえたら、アポイントくらいは取れる。
そう思っています。
そのために、**切られる前に、最後まで話をしてしまおう**と思うんです。
そこで、どうしても早口になってしまうんですね。
あなたにも経験があるでしょう？

内容さえ理解してくれたら、簡単に話は先に進むと思っている。
だから、スクリプト（電話の台本）には文章が並んでいて、**自分が話す内容だけが書かれている**んです。

相手の立場になって考えて作られていない。
相手が話をすることを想定していない。
相手の反応によって答えを変えるようにはできていないんです。

相手がイエスと言った場合、相手がノーと言った場合、相手が質問してきた場合など、どのように対処すれば話が続くのかなどは、**深く考えて作られていないケースがほとんど**です。

「アドリブは自分で考えなさい」といったものなんですね。

（解決法）
ゆっくり話す
相手に話をさせる

早口でまくし立てるのは、やめましょう。

切られる前に最後まで話してしまおうと焦る気持ちはよく分かります。

ですが、それでは話を聞いてもらえません。

ゆっくり話すことが必要です。

焦る必要はありません。

親や恋人や子供に話すように、一語一語かみしめて下さい。

電話先の相手の反応を感じながら、話しましょう。

ゆっくり話せば、少なくともあなたの言葉は、言葉として相手に明確に伝わります。

まずは言葉として明確に、はっきりと相手に伝えるのが大事です。

その後は、相手に話をさせます。


会話の基本はキャッチボールですから、もし、あなたのスクリプトが一方的に自分の商品を説明するものだとしたら、今すぐ作りかえましょう。

相手に話をさせるには、相手を知ることが大事です。

相手が法人であれば、インターネットなどで、できる限りの情報を取ってから電話をかけましょう。

相手が個人であれば、電話の会話の中から、相手の興味、関心のありかを見つけ出しましょう。

そして興味、関心のあることについて聞くんです。

電話先の相手は自分の興味、関心のあること、自分の得意なことについてなら何時間でも話してくれます。

相手に話をさせることによって、相手から情報をもらうことができるんです。

問題点③ 普段話すよりも高いトーンで話し、必要以上にへりくだる

あなたは、テレアポや電話営業をするとき、どのような話し方をしますか？

相手に気に入ってもらいたいばかりに、明るく元気に、必要以上にへりくだった話し方をしていませんか？

もちろん営業の基本は、相手に気に入ってもらうことです。

ですから、方向性としては間違っていません。ですが、テレアポや電話営業をする場合、みな同じような話し方をします。

みなさん、考えることは同じなんですね。

しつこいようですが、電話先の相手は、あなたが電話をする前にどこか別の会社から、誰か別の人から、テレアポや電話営業をされています。同じような口調、トークでテレアポや電話営業をされているんです。そして最悪なことに、あまり良い印象で終わっていない場合が多いんです。

ですから**高いトーンで、へりくだった話し方を聞いた瞬間に「テレアポだ」と思われ、ガチャンと切られる可能性が高くなります。**

物腰やわらかく話した結果、胡散臭いと思われてしまうんですね。

（解決策）おちついたトーンで毅然と話す

電話を切られないためには、電話先の相手にテレアポの人だと思われないことが肝心です。

他のテレアポの人と同じだと思われたら、話すら聞いてもらえません。ですから、電話をかける際には、おちついたトーンで、毅然と話すようにしましょう。

たったそれだけのことでも、他のテレアポや電話営業の人と差をつけることができます。

特に自分は声質が高い、または低いと自覚している人であれば、平均的な人の声質やトーンに合わせる努力をしましょう。

メラビアンの法則

ところで、あなたは「メラビアンの法則」をご存知ですか？

アメリカＵＣＬＡのメラビアン教授が**「人の印象は何で決まるのか？」**という調査をおこなったところ、次のような結果が出ました。

①外見…55％
②声…38％
③言葉…７％

このことから分かるのは、**「何を話すか（言葉）」よりも「どう話すか（声）」の方が大事**だということです。

電話では視覚が使えませんので、声の調子が印象を大きく左右します。

「メラビアンの法則」とは？

アメリカUCLAのメラビアン教授が「人の印象は何で決まるのか」を調べた結果、次のような結論が出ました。

- 「外見」…55%
- 「声」　…38%
- 「言葉」…　7%

★テレアポや電話営業では「声」が重要！

ですから、おちついたトーンで話をするようにしましょう。

ただし、おちついたトーンで話すことと、暗く、グズグズ話すことは違いますので、注意しましょう。

ミラーリングのテクニック

電話をかけるときは、おちついたトーンで、毅然として話をはじめることが大切です。

ですが、もし、電話先の相手がかなりハイテンションだったら、どうしますか？

ゆっくり話すあなたと、ハイテンションでまくし立てる相手との間に**ギャップ**が生まれてしまいますよね？

そんな時に使えるのが、**ミラーリングというテクニック**です。

ミラーリングは、**「相手に合わせる」**という面談営業テクニックです。

「ミラーリング」とは？

「ミラー」とは鏡のこと。鏡に映っているように、相手の動作をマネして、相手に好意を持ってもらうテクニックです。以前、ヨーロッパの心理学者が調べたところ、仲のいいカップルは動作が一致してくることを発見。このことを応用し、相手に動作を合わせていくことによって、好意を持ってもらおうとする考え方です。

★テレアポや電話営業では「視覚」が使えないから、「声のトーン」を合わせていく！

ですが、これはテレアポや電話営業でも、有効なテクニックです。

例えば、相手がきちっと座っているときにあなたが足を組んでいたら、違和感がありますよね。

相手はそんなあなたを見て「なんて失礼な奴だ！」と考えているかもしれません。


逆に、相手が足を組んでいるときに、あなたがきちんとしていたら、相手はリラックスできないと思いませんか？

相手が手振り身振りをして、明るく話をしているのに、あなたが腕組をしてむすっとしていたら、まとまる話もまとまりません。

相手と同じような動作が、相手との距離を縮めるのに多いに役に立つんです。


このテクニックを電話営業で使うには、**フェイスTOフェイスの場合よりもオーバーにリアクションすることをオススメします。**

電話先の相手が大きな声で、冗談も交えながら話をしているのに、あなたがお通夜にでも出ているような話し方では、会話が進みません。

基本的には、相手に元気と勇気を与えるように前向きに話すことです。相手の悩みを解消してあげるために電話をしているんですから、自信を持って電話をしましょう。

問題点④
なかなか趣旨を話さない

こんな電話のやり取りをした経験ありませんか？
私が経験した、ある電話のやり取りです。

相手「もしもし、私、○○電話センターの△△と申しますが、浅野様は××の電話機をお使いですよね？」

私「よく分かりません。○○電話センターって何ですか？」
相手「○○電話センターは各電話機メーカーが共同でやっているサービスセンターです」
私「え？　本当ですか？　競合する会社が共同でサービスセンターなんか作っているんですか？」
相手「ええ、そうなんです」
私「（本当かな…）それで、この電話をかけている趣旨を言ってくれませんか？」
相手「ええ、ですから電話機について調査をさせていただいているんです」
私「で、結論は？（忙しいんだけどなあ…）」
相手「浅野様は電話機をリースしていますよね？　そのリースをお得にするご案内なんですが」
私「いえ、当社の電話は買取ですよ」
相手「そうですか。このご案内はリース対象でしたので。失礼しました」

ガチャン！


たいていの方は、こんな電話を受けた経験があるでしょう。

結局何を言いたいのかが、最後の最後にならないと分からない。

イライラしますよね？

そして最後まで聞いた挙句に、一方的に電話を切られます。

だから多くの会社、個人宅では、電話営業だと分かった瞬間にガチャンと電話を切るのではないでしょうか？

（結論）最初に趣旨を話す

電話を切られる前に、電話をかけた趣旨を話しましょう。

よほど忙しい人でない限り、趣旨を話す時間くらいは、電話は切りません。

ダラダラと話をしていては、あなたの話の内容を知る前に電話が切られてしまいます。

ですから、最初に電話をかけた趣旨を話すようにしましょう。

お酒の嫌いな人に、いかに「今年のボジョレーヌーボーはすごい出来だから1本買いませんか?」と言っても、ネコに小判なんです。

最初に趣旨を話すことにより、通行人と舞台に上がる人とを分けることができます。

何も電話先の相手全員を、舞台に上げる必要はないんです。

電話を切られない話し方「5の法則」

以上が、電話を切られない話し方です。非常に大事なので、まとめます。

1. 自分から電話を切らない
2. ゆっくり話す
3. 相手に話をさせる
4. おちついたトーンで毅然と話す
5. 最初に趣旨を話す

簡単ですよね？

他の人と同じことをやらなければいいんです。

他の人と違う話し方をしたらいいんです。

「何だ、簡単なことじゃないか」とバカにしないでください。

言葉にすれば、簡単なことです。

ですが、**知ることとできることは違う**んです。

できる人になるために簡単なことを忘れずに、おまじないのように「5の法則」を頭に叩き込み、毎日声に出して言ってみてください。

あなたも必ず、テレアポや電話営業の成功者になれるはずです。

以上で、「あなたの電話が切られてしまう理由」と「どう話せばいいか」が分かっていただけたと思います。

ですから次章では、「何を話すか（内容）」について解説します。

最初の10秒に何を話すべきか？

これは、あなたのテレアポや電話営業を成功させる上で、**1番重要なポイント**です。

本書の最も大事な部分になりますが、どうぞリラックスして読んでください。

まとめ

- ●切られる電話には共通点がある
- ●「何を話すか」よりも「どう話すか」が印象を左右する（メラビアンの法則）
- ●電話は視覚が使えないため、声の調子で相手の印象が決まる
- ●相手に合わせた話し方をしよう（ミラーリング）
- ●電話を切られない話し方「5の法則」を意識しよう

Chapter

4

テレアポ＆電話営業は１０秒で決める！

出会いは最初が肝心！

テレアポや電話営業において、最初の10秒は非常に大事です。

1つたとえ話をしましょう。

私は息子に**「好きな女性がいるんだけど、どうしたら相手にも好きになってもらえるかな？」**と聞かれたことがあります。

あなたなら、何と答えますか？

私は「その女性の好きなタレントや歌手の情報を聞いて、その彼女の好きな相手を演じればいいんだよ。最初は演じたおまえに好感を持つけど、そのうち本当のおまえを出しても、彼女の気持ちが変わることはないから」と答えました。

何が言いたいのかというと、出会いは最初が肝心だということです。**ファーストコンタクトで好感を持ってもらえば、その後は少しくらい失敗しても大丈夫**なんです。

いくらでもリカバリーできます。

でも、ファーストコンタクトで失敗すると、テレアポや電話営業の場合、リカバリーはほとんど不可能です。

相手に合わせる！

ファーストコンタクトで私が気をつけているのは、相手に合わせるということです。

相手も私も人間ですから、どこかに必ず**共通点**があります。

共通点を見つけるということは、共有することができるということです。

共有する部分を見つけるためには、相手に質問をしなければなりません。

ただし、いきなり核心をつく質問をしたら、無遠慮な奴だなと思われますし、反発されたりします。

ですから、相手に聞くときは、一般的な質問から入ります。

例えば名刺交換をした後であれば、名前や地名を質問したりしますよね？

そして、相手の言葉を受けて話をつなげます。

そうすることによって、相手はあなたに**「自分の話をきちんと聞いてくれているな」**と信頼感を持ちます。

電話をかける前に

のちほどお話ししますが、人間には「自我の欲求」があります。

人は誰だって、「個性ある自立した存在」です。

だから、**電話をかけてきた相手が自分の会社のことを良く知っている、**

自分を知っているというだけで、相手の印象は格段に良くなります。

ですから電話をする前に、相手の情報はできる限り、調べておきましょう。

電話先の相手は、集団（塊）として扱われることを嫌います。

リストの中の1人として扱われるのを嫌います。

個として扱われることにより、驚きと信頼が生まれ、自我の満足を得ることができるんです。

最初の10秒であなたは何を話しますか？

最初の10秒が大事だということをふまえたうえで、「何を話せばいいのか？」を考えてみましょう。

あなたは、テレアポや電話営業の際、最初の10秒で何をしゃべりますか？

思い出してみてください。

「お忙しいところ申し訳ありません。○○様でしょうか?」

「はい」

「わたくし株式会社△△の浅野と申しますが、少しお時間よろしいでしょうか?」


だいたいこんな感じではないでしょうか?

相手は断りのプロ!

1日に何件も、テレアポ、電話営業の電話がかかってくる時代です。

1本1本の電話にまともに対応していては、キリがありません。

ですから、テレアポ、電話営業の電話だなと思った瞬間に、相手は電話を切ります。

そういった意味では、みなさん断りのプロです。

あなたは、そのプロたちを相手にしなければなりません。

ですから、**あなたもテレアポ&電話営業のプロにならなくてはいけません。**

まずは、10秒間のプロにならなくてはいけません。

最初に名前を名乗らない！

その大切な10秒間の最初に、なぜ、あなたは名前を名乗るのでしょうか？

「知らない人のところに電話をしているんだから、最初に名前を名乗るのが当然だ」なんて考えていませんか？

何度も言いますが、当たり前のことをやっていてはダメなんです。

他の人と同じことをやっていてはダメなんです。


結論は、**最初に名前を名乗らない**ことです。

もっと、他に伝えるべきことがあるんです。

「最初に名前を名乗らなくて本当に大丈夫かな」と考えていませんか？

大丈夫です！

なぜなら、**相手はあなたの名前なんかに興味はない**からです。

だいたい、初めての電話でどんなに丁寧に話をしたって、電話先の相手は、あなたの自己紹介や気遣いの言葉なんてすぐに忘れてしまいます。

ですから一通り話し終え、人間関係ができた後で、ためしに聞いてみましょう。

「ところで、私の会社名と名前は覚えていただいていますか？」

保証しましょう。

ほとんどの電話先の相手は、あなたの名前を覚えていません。

これはあなたの会話力とはあまり関係ないことですから、なにもガッカリする必要はありません。

あなたも含めて、**人は自分のことに1番興味があります。**

だから人のことは、二の次です。

あなたの会社名や名前などは、ある意味どうでもいいんです。

10秒で相手の利益になることを伝える！

人間は自分のことが1番大事です。

自分に利益があるかどうか？

興味はそれだけなんです。


ですから、最初の10秒では、まず**相手の利益になること**を伝えましょう。

電話先の相手は、10秒ならじっと話を聞いてくれます。

その10秒の間にパブロフの犬になろうかなるまいかを、無意識のうちに決めているんです。

あなたの話を聞きたいと思っているのに、ガチャンと電話を切る人なんていませんよね？

あなたの話を聞くことが、あなたと会うことが自分の利益になると感じてもらうことができたら、決してガチャンと電話を切られることはありません。

あなたの提供する商材や情報が自分の利益になるのかならないのかを、電話先の相手は知りたいんです。

利益は3つ伝える!

それでは、利益の伝え方を、具体例をあげて解説しましょう。

かつて私が販売を手伝った「ゲルマニウム温浴器」の例です。

私の場合、商材、またはその人自身が相手に与えることのできる**利益(ベネフィット)を3つあげて、書き出します。**

なぜなら、どんな商材（または人）でも、**相手に与えることのできる利益は、3つにまとめられる**からです。

ですから、相手にとっての利益を3つあげられないような商材は、最初から扱わない方がいいと思います。

扱うべき商材は、世の中にいくらでもあります。

商材のプロになれ！

また、3つの利益を書き出すためには、その商品について精通していなければなりません。

いわば、**商材のプロ**にならなければなりません。

相手は自分の販売する情報、商材について、全く知らないんです。

このゲルマニウム温浴器の場合は、商材の利益を3つ書き出しました。

①血流サラサラ
②お肌ツヤツヤ
③肩こりスッキリ
これをまとめると以下のようになります。

「血液サラサラ、お肌ツヤツヤ、肩こりスッキリになるゲルマニウム温浴のご案内ですが、○○様はゲルマ温浴はご存知ですか?」

まず最初の10秒で、この3つの利益を伝えます。

会社の名前は後回し

電話を切られないようにするためには、最初の10秒の間に、これだけの情報を相手に伝えなければなりません。
その大事な10秒間に、あなたの会社名を言ったり、へりくだって「お時

「血液サラサラ、お肌ツヤツヤ、肩こりスッキリになるゲルマニウム温浴のご案内ですが、○○様はゲルマ温浴はご存知ですか？」

★最初の10秒で、３つの利益を伝える！

問いただけますか？」なんて言っている余裕はありますか？

当然、ありません。

その間に、電話はガチャンと切られてしまいます。

ですから、最初の10秒は思い切って、**あなたの会社名や商品名は一切言わない**ことです。

ここで気をつけなければならないのは、103ページでもお話ししましたが、全部話してしまおうと早口でまくし立てないことです。

おちついて、ゆっくり話せば、相手は話を聞いてくれます。

最初の10秒で相手の利益を伝えたら…

それでは、質問です。

最初の10秒で、相手に自分の受ける利益を理解させたら、次はどうしますか？

第1章の話を思い出してください。

会話はキャッチボールですよね？

会話を長続きさせるためには、どうしたら良かったでしょうか？


そうです。

会話を続けさせるには、相手に質問をすればいいんです。

132ページのスクリプトを、もう一度確認してください。

この場合は3つの利益を伝えた後、ゲルマ温浴器を知っているか、知らないかを質問していますね。

最初の10秒で相手が受ける利益を伝えることができたら、次は相手に質問をしましょう。

質問をして、次の会話につなげるんです。

最初の10秒を乗り切り、次の30秒につなげるんです。

その質問がもし相手の興味あることだったとしたら、相手は喜んで話をしてくれます。
繰り返しますが、人間は自分に1番興味があります。
ですから、自分の得意分野のことなら延々と話してくれます。

なぜ、相手に話をさせるのが大事なのか？

相手に話をさせるのが大事だと言いましたが、これは人間の心理に基づいています。
あなたは、マズローの欲求5段階説をご存知ですか？
有名な心理学者のマズローによると、人間の持つ欲求は**5段階**になります。

①生存の欲求
②生理的欲求

マズローの欲求５段階説

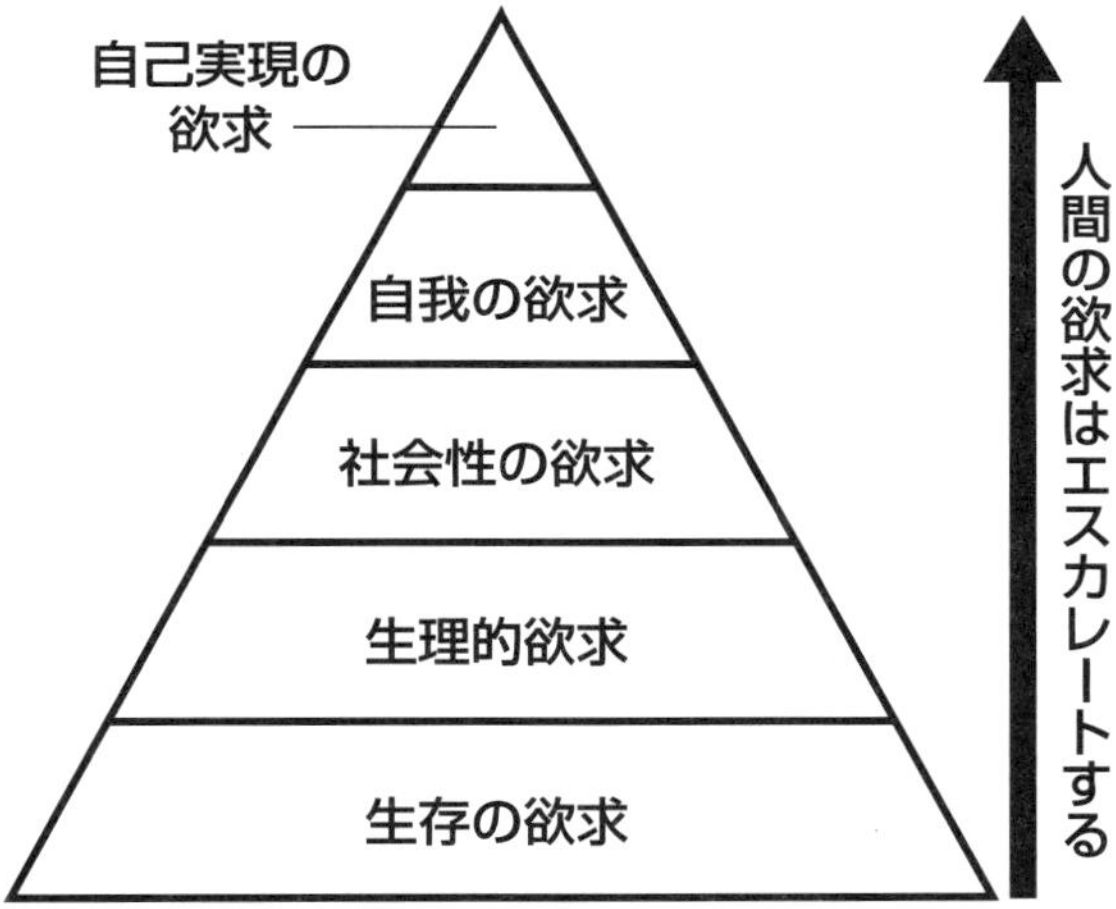

★人間は他人から尊敬されたい、自分自身を分かってもらいたい

↓

だから、話を聞いてもらいたい！

③社会性の欲求
④自我の欲求
⑤自己実現の欲求

人間の欲望は、「生存の欲求」から始まり、それが満たされると、さらに上の欲求へとエスカレートしていきます。

「自我の欲求」「自己実現の欲求」が上位にあることから分かるのは、**人間は他人から尊敬されたい、自分自身を分かってもらいたい**と思っている動物だということです。

だから、人間は自分のことを話したがります。

特に自分の得意分野のことについては、饒舌になるんです。

ですから、あなたはできる限り、**相手の情報を得るために、相手の話を聞く努力をしましょう。**

一方的に話をして、電話先の相手に強制されている感情を与えるようなことはやめましょう。

相手を受容し、相手の要求を満足させ、相手が自ら変わりたくなるのを待つんです。

そのためには、相手に話をさせることが大切なんです。

「愚者は語り、賢者は聞く」

ゼロから立ち上がり総理大臣にまでなった田中角栄の好きな言葉としても知れ渡っている**イスラムの有名なことわざ**です。

第2章でも触れましたが、ガチャンと切られる電話は、自分の情報を伝えようと一方的に話します。

一方、「電話営業」や「戦略的テレアポ」の電話の目的は、**相手の情報を取ること**です。

当然、相手の情報を取るためには、相手に話をさせる必要があります。

「機械的テレアポ」をする人は電話を切られないように、一生懸命自分が話そうとします。

電話先の相手がどんな気持ちでいるのか、電話先の相手がどんな状況にいるのかなんて考えもしないで、電話で話し続けます。

でも、一方的に話をしていたら、電話先の相手の気持ちなんて分かりませんよね？

ですから、相手の気持ちを理解するため質問をするようにしましょう。

相手の悩みは何か？

電話先の相手が困っていること、必要としていることを聞き出し、あなたが解決方法を教えてあげる。

そうしたら、トントン拍子で話は進みますよね。

電話先の相手がその情報をもっと知りたいと思ったら、あなたの話に耳を傾けてくれます。

「あなたの話を聞くことが利益になる」と感じてもらうことができたら、決して電話をガチャンと切られることはないんです。

大事なので、整理しておきましょう。

まず最初の10秒で、あなたが相手にどのような利益をもたらすことができるのかを、きちんと理解してもらうのが大事です。

そして、電話先の相手が、あなたの話に興味を持っているのかを教えてもらう必要があります。

そのために、相手に質問をします。

必ず電話先の相手が答えることができる、答えたくなる質問をするんです。

あなたの提供する商材や情報が、電話先の相手にとっての利益になるのかならないのかを、まず電話先の相手は知りたいんです。

相手の興味を知るための質問テクニック

とはいっても、相手は初めて電話をかける相手です。

その相手が興味を持っていることは何なのかを知るのは、はっきり言って至難の業ですよね？

ですから相手に質問をする場合、**まずはあたりさわりのない、誰もが答えられる質問**をしましょう。

ゲルマ温浴器の場合は、知っているか、知らないかの質問でした。

これなら、誰にでも答えられますよね。

相手に質問をするのは、**次の会話につなげる新しい情報を聞き出すため**です。

あたりさわりのない質問で最初の10秒を締めることにより、次の30秒につなげることができるんです。

次の30秒で、商材の利益を詳しく話す！

ゲルマニウム温浴器の例では、相手に「ゲルマ温浴はご存知ですか？」と質問しました。

こうして次の30秒につなげます。

次の30秒は相手の反応によって変えます。

ですから、この場合は2通りのスクリプトを用意しておきます。

つまり、**相手がゲルマ温浴器を知っている場合と知らない場合の、2通りのスクリプトを作る**ということです。

もし相手が知らなければ、ゲルマ温浴器について、詳しく説明します。

もし相手が知っていれば、最近の悩みや興味を聞き出すように、会話をリードしていきます。

3つあげた利益の中で、どれが相手にとって役立つのかを聞き出すようにリードするんです。

「そういえば最近、肌荒れが…」と返ってくれば、温浴器のお肌ツヤツヤ効果について話します。

「肩こりが…」と言えば、その話をすればいいんです。

要は、相手に合わせて話をします。

もう気づきましたね？

商材の利益や詳しい解説は、この30秒でやるんです。

「相手にとって何が利益になるのか」は、あなたが考えることではありません。

最初の10秒であなたが提供できる利益を3つ伝え、そのうちのどれに相手が興味を持っているかどうかを聞き出せばいいんです。

そして、その詳しい解説をしてあげるんです。

○○様のお宅ですか？血流サラサラ、お肌ツヤツヤ、肩こりスッキリ、ゲルマ温浴の△△ですが、○○様はゲルマ温浴はご存知ですか？

↓

知らない

僅か20分、手と足をゲルマニウムを溶かした42度の温水につけるだけでダイエット・美容・健康効果がある、話題の健康法ですが、○○様はゲルマニウムって聞いたことありますか？

↓ **ある**　↓ **ない**　↓ **知っている**

ゲルマニウムは難病さえ治す奇跡の元素で（療や研究に使われています。サルノコシカケ、高麗ニンジンなどにも含まれていて漢方薬の原料になるものです）

〈（～）の中を言うか言わないかは電話先の相手の雰囲気によって変える〉

それを、温泉に入っているような気持ち良い中で、皮膚から簡単に身体に吸収することにより細胞の活性化を促すんですよ。

電話先の相手が18歳～50歳くらいの場合
○○様は、ダイエット・美容・健康の中では何に1番興味ありますか？

電話先の相手が50歳以上の場合
○○様は、肩こり、腰痛、高血圧などの症状はありませんか？

感謝される電話が前提！

あなたは、相手から不利益を受けたとき、感謝できますか？

できませんよね。

では、**思いもかけず悩みを解消してもらえたり、経済的利益を受けたときはどうでしょうか？**

その利益をもたらしてくれた人に、感謝せずにはいられないのではないでしょうか？

あなたが扱い、あなたが提供しようとする商材、情報が相手に役に立つものであれば、利益をもたらすものであれば、**必ず電話先の相手に感謝されます。**

テレアポや電話営業は、一般的に嫌われています。

ですが、いかがですか？

こちらは相手に必要な、相手の利益になりそうな情報を、まず10秒で伝えているんです。

はじめて電話をする相手にとって何が利益になるのか、何を必要としているのかは分かりませんので、そのために質問をしているんです。

その上で自分が電話先の相手に対して、どのような利益をもたらすことができるのかを伝えます。

こうした電話がどうして嫌われるんでしょうか?

私は『明日無一文になっても、今日起ちあがれる5の法則』というセミナーでよく話をしますが、人脈作りで大事なのは、まずギブすることです。

つまり、**まず相手に与える**んです。

ですから、「10秒で決めるテレアポ&電話営業」は嫌われることはありません。

むしろ感謝されます。

あなたと会うことが、あなたの話を聞くことが電話の相手先に利益になり、悩みを解消してくれるんですから、感謝されて当然なんです。

今までのマニュアルには、テレアポや電話営業は、切られることを前提に話しましょうと書かれています。

ですが、切られるのが当たり前と考えて電話をするなんて、乗り切れないと分かっていながら、目標を持たずに荒波の海に乗り出すようなものじゃないですか？

そんなことであれば、**最初から電話を使った仕事をしないほうがいいと**思います。

人は、望みがあるからがんばれる。

成功の可能性があるから先に進める。

私は、そう思います。

だいいち、切られること、断られるのを前提に話をはじめたら、それは電話先の相手に伝わります。

切られること、断られることを前提に話し出すと、今、電話先の相手と話しているのに、もう**目は次のリストの人にいっているん**です。

今話している電話先の相手に集中していないんです。

すると、電話先にいる相手は、「あ！　テレアポだな！」って感じてしまうんですね。

10秒で決めるテレアポ&電話営業では、こう変わる！

もう1つ例をあげて、見てみましょう。

1年ほど前にお手伝いさせていただいた「脱毛器販売」の電話営業です。

脱毛器を知らない方のために少し話をしますが、主に女性のすね毛や脇の下をきれいに整えるための器械です。

ほとんどの器械は輸入品で、値段は500万円から1000万円くらいします。

ですから、それだけの投資に見合う売上げを作れる都会の会社や、高額投資のできる会社しか導入できません。

ところが、私のお手伝いさせていただいた会社は、画期的方法で、250万円という低価格で、しかも日本製の器械を発売したんです。

この器械の強みを最大限に活かす販売戦略はなんだろう？

電話先の相手には、誰を選べばいいんだろう？

考えた結果、地方都市の異業種経営者に販売することにしました。

マーケットを決めたら、電話先の相手が受ける3つの利益を考えます。

この場合、私が指導したのは、以下の3つでした。

①250万円という業界最低価格

②（低価格だから）投資回収が早い

③（低価格だから）専業でなくても取り扱える

この3つの特長を、最初の10秒で伝えます。

おそらく、従来のテレアポや電話営業は、こんな感じになります。


「もしもし、私、○○社の浅野と申しますが、店長様いらっしゃいますか？」

「ハイ、私ですが…」

「店長様ですか？　今、少しお時間よろしいでしょうか？」

「何の電話ですか？」

「今、店長様のところでは、脱毛器はお使いでしょうか？」

「いえ、まだ使っていませんが、うちは結構です」

ガチャン！


ところが、10秒で決めるテレアポ&電話営業では、以下のようになります。

「0円から開業できて、お客がドンドン来る脱毛サロン開業のお手伝いをしている浅野ですが、○○様は、脱毛を取り入れていらっしゃいますか？」


0円で開業できる？

お客がドンドン来る？

開業のお手伝い？


相手の第六感にズシンと響く切り口だと思いませんか？

最初の10秒で、自分に関係ある電話内容なのか、そうではないのかが分かるようになっています。

ということは、逆に考えると、自分に関係がないと思ったら、電話は切られます。

もしかしたら、突然ガチャンと切られるかもしれません。

通常のテレアポ

「もしもし、私、○○社の浅野と申しますが、店長様いらっしゃいますか？」

「店長様ですか？　今、少しお時間よろしいでしょうか？」

「今、店長様のところでは、脱毛器はお使いでしょうか？」

↓ **こう変わる！**

10秒で決めるテレアポ＆電話営業

「０円から開業できて、お客がドンドン来る脱毛サロン開業のお手伝いをしている浅野ですが、○○様は、脱毛を取り入れていらっしゃいますか？」

でも、じつはそれは**とてもいいこと**なんです。

ガチャンと切ってくれて、ありがとう！

ガチャンと電話を切ってくれた人には、感謝しましょう。

これは別に、ヤケクソになって言っているわけではありませんよ。

だって、趣旨を言わないトークだったら、最初は普通に話していても趣旨を言った途端に電話を切られるんです。

それまでの時間が、エネルギーが、お金が無駄になるんです。

その無駄を省けたんですから、感謝ですよね？

自分の電話に興味、関心のある人だけに、時間やエネルギーを使えるんです。

そして、興味、関心を持ってくれた人だけが、次の段階に進みます。

ですから、話を聞かずに電話をガチャンと切るような人には「切ってくれてありがとう」と思うようにしましょう。

そういう人たちは、ひょっとしたら成長しようとする意欲に欠けているのかもしれません。

現状からの脱皮とか、今より良い情報、商材を探求する意思がない会社なのかもしれません。

向上心のない、今より良くなりたいという欲求のない会社なのかもしれません。


そんな会社とあなたがお付き合いする必要はありません。

いずれにしても、**電話先の相手全てを顧客にしようと思わない**ことです。

ＡＩＤＭＡ（アイドマ）の法則

「ＡＩＤＭＡの法則」はご存知ですか？

これは広告マーケティングの法則の１つで、消費者に行動（購入・購買）

を起こしてもらうプロセスを法則化したものです。

これは、電話営業においても当てはまると、私は思っています。

「A」はアテンション（注目）
「I」はインタレスト（興味）
「D」はディザイアー（欲求）
「M」はメモリー（記憶）
「A」はアクション（行動）

最初の10秒で「A」（アテンション）、つまり電話先の相手に**注目**してもらいます。

注目してもらったら「I」（インタレスト）、**興味**を持たせます。

興味を持ってもらったら、話を聞いてみたいな、会ってみたいなという**欲求**「D」（ディザイアー）がおきます。

欲求が起きたら電話先の相手にあなたの売りたいもの、あなたの存在を

「AIDMAの法則」とは？

消費者が購買行動をおこすプロセスを法則化したもの

注目	Attention
↓	
興味	Interest
↓	
欲求	Desire
↓	
記憶	Memory
↓	
行動	Action

購買行動の基本がわかる！

記憶「M」（メモリー）してもらいます。

もちろん、その場で「A」（アクション）、つまり**行動**を起こしてもらえたら最高です。

「10秒で決めるテレアポ&電話営業術」は、この**一連の消費者行動を起こさせるための手段**です。

3つの利益を最初の10秒で話すことにより、注目してもらいます。他の電話営業やテレアポの電話とは違う切り口で話しはじめますので、注目させることができます。

そして3つの利益に興味、関心を持った人だけが、電話の会話を続けてくれます。そして、記憶に残ります。

記憶に残れば、必要を感じてくれたときに電話をくれるでしょう。

もしも、電話を切られそうになったら…

もし、電話を切られそうになってしまったら、あなたはどうしますか？

「ＡＩＤＭＡの法則」では、記憶に残さなければ、次のアクションはありません。

ですから相手の記憶に残すため、電話を切られそうになったら

「資料だけでも送らせてください。電話とＦＡＸ番号は同じですか？」

と、必ず聞きましょう。

10人いたら、2人や3人は必ず教えてくれます。

そこでＦＡＸ番号を手に入れただけでも、一歩前進ですよ。

見込み客リストが１人、または１社増えたんですから。

資料を送り、相手に見てもらい、記憶に残すことができれば、次につな

がる可能性があるんです。

スクリプトがあれば、万全！

以上で、私が「テレアポや電話営業は10秒で決まる」と言っている意味が分かっていただけたと思います。

次章では、スクリプト（台本）作りをお話ししたいと思います。

スクリプトの重要性は第1章でお話しした通りです。**どのようなスクリプトを作成すればいいのかを、「個人営業」と「法人営業」に分けて、詳しく解説**します。

これを知ったら、あなたは今日から最強のテレアポ&電話営業パースンになれます。

成約率が飛躍的に高まるのはもちろんのこと、ゼロから顧客を開拓し、独立して1000万円を稼ぐことだって、夢ではありませんよ。

まとめ

- 人間は自分のことに1番興味がある
- 最初の10秒で、相手が受ける利益を3つ伝えよう
- 3つの利益を伝えたら相手に質問をして、次の30秒につなげよう
- 商材の詳しい説明を、30秒でしよう
- 質問をして相手が興味のあることを聞き出そう
- 商材のプロになろう
- 相手の情報を取るために、話を聞く努力をしよう
- 相手に感謝される電話をかけよう
- ガチャンと電話を切ってくれた人に感謝しよう
- 電話が切られそうになったら、FAX番号を聞き、資料を送って相手の記憶に残そう

Chapter 5

１０秒で決めるスクリプトの作り方

テレアポや電話営業で結果を出す人の共通点とは？

私はコンサルタントとして、多くの企業の電話営業パーソンを指導してきました。

その中で、確実に成果を出す人たちには、**共通点**があることに気づきました。

それは、基本に忠実だということです。

ベスト3に入る人たちは、いつも決まって基本に忠実でした。

その人たちのほとんどが、私の知る限りでは、それぞれの分野で成功しています。

成功していない人たち、成功していない会社は、ほとんどが途中で我流に変更してしまうんです。

これはある教え子の例です。

彼は1ヶ月で関西ナンバー1の売上げを達成し、次は全国一になるんだと張り切っていました。

しかし最近、売上げが伸び悩み、私のところを訪ねてきました。

そこで、何気なく聞いたんです。

「その後、スクリプトは改善しているの？」

すると彼は言いました。

「いやー、今はスクリプトなしで、全部対応できるようになったので使っていません。スクリプトは卒業しました」

不振の原因が、すぐに分かりました。

基本があるからうまくいっているということを忘れて、勘違いしてしまったんですね。

自分はできるって。

スクリプトが基本!

第1章でもお話ししましたが、大事なことなので、もう一度確認します。

基本はスクリプトです。

基本は、あくまでもスクリプトどおりに話をして、話しながらアドリブを入れていくんです。

相手の会話のリズムに合わせながら自分の行きたい方向へ導く。

つまり、リーディングします。

スクリプトがなかったら、あなたの行きたい方向、つまりクロージング(契約)に持っていくのは至難の業です。

ですから私は今でも、営業や指導の電話をかけるときには、箇条書きの簡単なシナリオをメモしてから電話をかけ始めます。

そうすることにより、**自分で会話をリードできますし、話し忘れを防ぐことをできるんです。**

ヒントは「キャッツ」にあり!

あなたは、ミュージカルのキャッツをご存知ですか?。

もう、20年以上続いている劇団四季のヒット作です。

キャッツは客席を巻き込み、お客を出演者の1人にしてしまう楽しいミュージカルです。

でも、お客を出演者にしてしまうからといって、アドリブだけでその日その日を自由奔放に演じているわけではありません。

じつは、いつ、どのように客席を巻き込むかといった細部まで、**周到に演出されているん**です。

キャッツはシナリオ、台本に忠実に演じられているからこそ感動を生み、リピート客を生んでいます。

優れた演出、優れた脚本なしには、どんな名優だって素晴らしい舞台を演じることはできませんよね？

テレアポや電話営業だって同じです。

優れたテレアポや電話営業をするには、優れたスクリプトが必要なんです。

ですから、スクリプトは常に手元に置いておきましょう。

スクリプトがあれば、電話を切られる恐怖感がなくなる！

スクリプトは、電話の先にいる相手がどのような反応を示しても、自分の行きたい方向へ相手を導く、とっても頼りになる羅針盤です。

ここでは、こんな種類の反応が起きる。

最悪の場合には切られてしまう。

それは、スクリプトで分かっています。

あなたは、電話を切られることを予測できていますから、仮に電話をガチャンと切られても、それは台本どおりなんです。

あなたが電話を切られる恐怖感を持っているとしたら、それは理由もなく切られるからです。

でも台本どおりなら、電話をガチャンと切る相手は、あなたの手の内にいます。

どうですか？

何も怖いことはないでしょう？

スクリプトは最高のシナリオ

もう1つ、分かりやすい例をあげましょう。

テレビの長寿番組の1つに水戸黄門があります。

水戸黄門様ご一行が日本全国を回り、悪を退治するという番組ですよね。あの番組は私も好きでよく見るのですが、だいたいストーリーは5のパターンに分けられます。


その5のパターンも、基本は同じです。


例えば、名人シリーズ。

岩手の南部藩に、南部鉄瓶を作る名人がいますが、その名人は何かをきっかけに制作を止めてしまって毎日酒びたり、バクチ三昧の生活です。

結果、村のやくざに多額の借金を抱え、厳しい取立てにあっています。ところが、そのやくざは村の代官と組んでいて十手も持っています。

その名人にはきれいな年頃の娘がいて、村の代官はその娘に良からぬ下心を持っていますが、思うようにはならない。

そこでやくざが策略を講じますが、そこに水戸黄門様一行が関わってきます。

娘や名人が村のやくざたちにボコボコにされ、危機一髪のところに助さん、格さんが出てきて大活躍。

ドラマが始まって45分たつと必ず、**「この印籠が目に入らぬか！」**で、一件落着です。

このドラマは絶対に人が死ぬことはないし、最後には正義が勝つということが分かっていますから、私は安心してみていることができます。

ドラマが始まって45分たつと印籠が出てくるのを知っていますから、その前にトイレに行くこともできるんです。

余談を言えば、お銀さんがどこでお風呂に入るかも分かってしまいますよね。

電話営業も同じなんです。

この話題になったら、３割の人は、**「結構です！」**と言って電話を切るけど、他の人は次の話を聞いてくれる。

ここでNOと言っても、２割の人は次に行ってくれるから、ここでFAX番号を聞こうとか、スクリプトに書いておきます。

電話を切られるとしても、スクリプト通りにガチャンと切られるのですから、恐怖も何も感じません。

だって、台本どおりなんですから。

成功するスクリプト作りの3つのポイント

それでは、実際にスクリプトの作り方を解説していきます。

まずは、前章のポイントをふまえ、最初の10秒に何を話すかについて、簡単に整理しておきましょう。

10秒で決める電話トーク作成のポイントは、以下の３つです。

①最初の切り出しには**擬音**、または**具体的な数字**を入れるようにする
②相手の得る**3つのメリット（利益）**を伝える
③**質問でつなげる**

この3つのポイントを、最初の10秒で話しましょう。
質問された相手は、よほどのことでない限り電話を切りません。
なぜなら、最初に自分の受けることのできる3つの利益を伝えているんですから。

（法人編）スクリプトの作り方

法人相手に電話をかける場合、スクリプトを作成する前に必ずやらなくてはいけないことがあります。

それは**相手の企業のホームページをチェックする**ことです。

電話先の相手について、可能な限りの情報を持って、相手の話を聞く。これは基本です。

現代のインターネット時代では、相手がホームページを持っているかどうか調べるのは最低限必要な情報収集作業なんです。

ホームページは宝の山

ホームページは電話の相手に関する、情報の宝の山です。

質問材料の宝庫です。

電話先の相手が話したい情報の宝庫なんです。

もしホームページがない場合でも、あきらめてはいけません。

次に、**タウンページに載っているかどうかもチェック**します。

もちろん、ネット上のタウンページです。

もしもタウンページに載っていれば、かなりの情報が取れます。

思いのほか、各地に支店展開していることが分かったり、逆に電話番号とＦＡＸ番号が同じであったり、いろいろな情報を取ることができます。

電話での会話で、いくら事業規模が大きいようなことを言っていても、電話が１回線しかなくて、しかも電話番号とＦＡＸ番号が同じだったら、会社の規模はそれほど大きくないのが分かります。

それだけの情報でも、**知っているのと知らないのとでは大きな違い**になります。

ですから、相手の会社がホームページを持っているのかどうかを確認し、持っているのならどのような内容なのかを必ずチェックしてから、電話をかけましょう。

ホームページの情報でラポールを築け！

ここで1つ、ホームページから会話が広がった成功例のお話をします。

ある日、長野市の有名な販売会社と営業訪問の約束が取れました。

しかし、いくら大きな会社だといっても必ずしも良い結果になるとは限りませんので、出張が効率的にできるように、訪問約束が取れている会社の近所に新たな訪問約束をとろうと、ネット上で情報を探しはじめました。

すると、タウンページから、長野市近辺の商店街作成の集団ホームページにたどり着きました。

飾り気のない、1枚もののページでした。

簡単に、住所と営業品目が書いてあるだけです。

見過ごしてしまいそうなページですが、そのホームページをもとに電話をしました。

「どうしてうちの会社を知ったのですか?」
「ホームページを拝見しました」
「え? うちにホームページなんてあったかな?」

そうです。

ホームページというには気後れするようなページでしたから、**会社の幹部も誰も知らない程度のもの**だったんです。

ですがそこで話が弾み、新たなアポイントを取ることができました。

ホームページが話題となり、電話先の相手と担当者の間に「共有」が生まれた結果です(ラポールについては第6章の217ページで解説)。

ターゲットは決まっている！

あなたは、ホームページを調べ、ターゲットとする企業を決めました。

そこでいよいよ電話をかけるわけですが、いったい誰と話をしますか？

詳しくは、第6章の226ページで説明しますが、**基本的には社長など、決定権を持った人と話をしましょう。**

なぜなら、決定権を持たない人と何時間話をしたところで、**時間の無駄**だからです。

法人向けに電話をかける場合には、必ず、決定権者と話をします。

商材と顧客をマッチングする

それでは、法人向けのスクリプトの作り方を実例をあげて見てみましょう。

これは、私がお手伝いした「健康食品販売の電話営業」です。
この健康食品は少し特殊で、ＭＬＭビジネス、いわゆるネットワークビジネス商品でした。
それを、会社の社長に売りたいとのことでした。

私の主催する電話営業塾の研究生の中には、健康食品や浄水器のＭＬＭに参加している方々もいますが、知人や友人に広めるだけでは限りがあり、広まらないということで悩んでいる方がたくさんいます。
そんな中の１人、Ｆさんは企業の社長に自分の扱っている健康食品を広めれば、その会社の社員さんやお取引先の方々にも広げることができるのではないかと考え、私にスクリプト作成の相談をしてきました。

「10秒で決めるテレアポ&電話営業術」では、3つの利益を書き出す前に、まず**商材とターゲットとする顧客のマッチング**からはじめます。

この商材の場合、ターゲットは会社の社長さんと決まっていましたから、まず**健康食品と社長の関係性**について推論を検討しました。
その結果

「企業の社長さんはがんばっている人ほど健康に気をつける**余裕や時間がない。**なのに企業の運命は社長の肩にかかっている。だから健康食品の効果を**実体験していただけたら購入していただけるだろう**」

という結論に達しました。

商材の3つの利益を書き出す！

以上をふまえて、相手が受ける3つの利益を書き出します。

①続けて使えば、健康になる（商材の利益）

②配達できる（関係性の利益）
③保健師・看護師の立場から、アドバイスできる（人が与える利益）

商材の利益で3つ並べても良かったのですが、依頼主の方が保健師と看護師の資格を持っていたため、**他者との差別化**になると思い、あえて入れることにしました。

以上の条件で、まず最初の10秒トークを作成すると、以下のようになります。

「もしもし、○○社様でしょうか？　45日後に感謝される、健康配達人、保健師・看護師の○○と申します。○○社長様お願いできますか？」

そして社長に代わってもらった後は

「45日後に感謝される、健康配達人、保健師・看護師の○○と申します。社長は、健康のために何か気をつけていらっしゃいますか？（質問した後）今日お電話させていただいたのは～（用件に入る）」

順番に1つずつ説明しましょう。

①もしもし、○○社様でしょうか？

電話先の相手の**耳ならし**のために言います。

なぜ耳慣らしをするのかというと、**電話に出た瞬間というのは、耳が電話をかけてきた人の声に慣れていない**からです。

聞き取りにくいんですね。

だから本題に入る前に、耳慣らしをしてあげる必要があるんです。

②45日後に感謝される

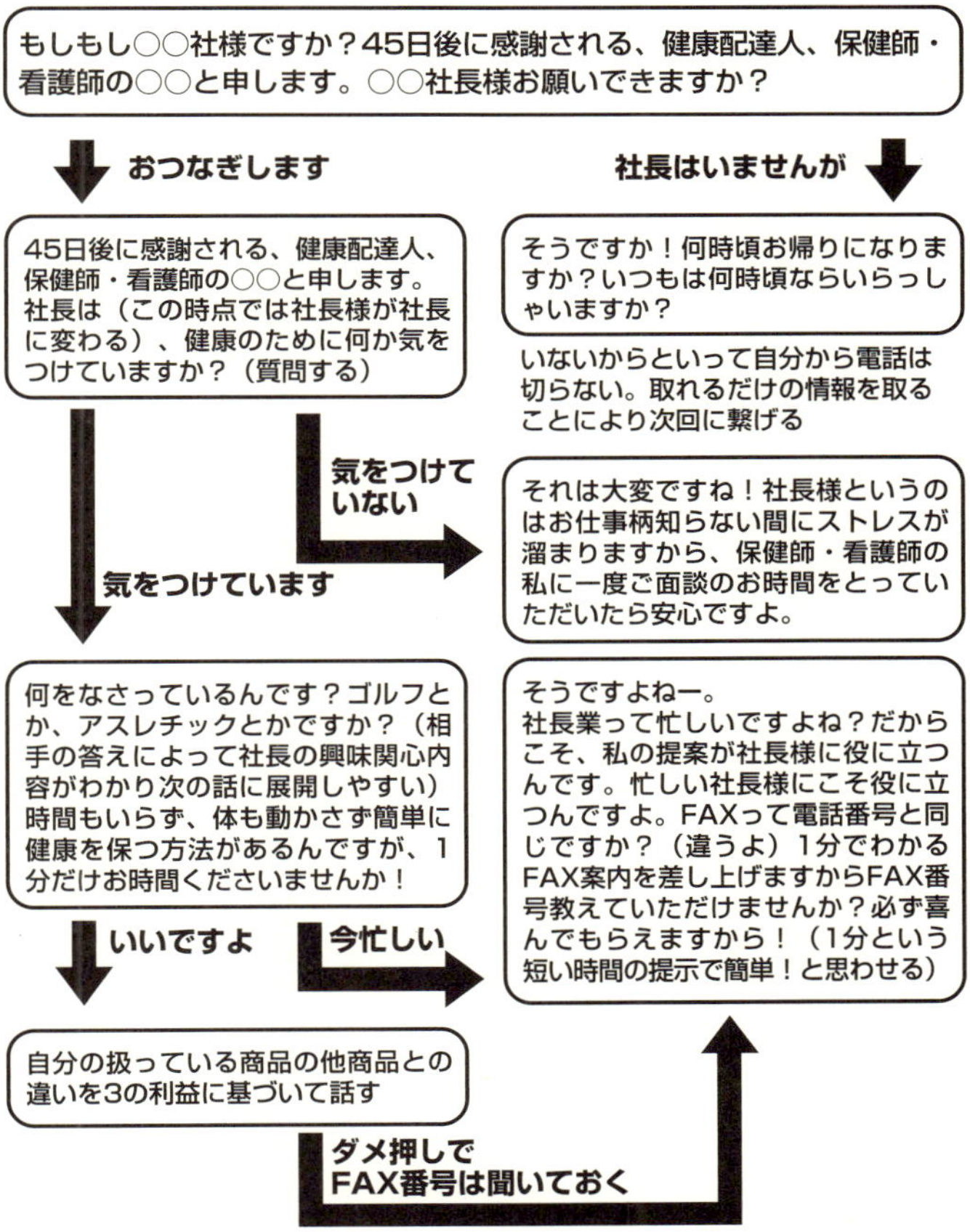
もしもし○○社様ですか？45日後に感謝される、健康配達人、保健師・看護師の○○と申します。○○社長様お願いできますか？
おつなぎします
社長はいませんが
45日後に感謝される、健康配達人、保健師・看護師の○○と申します。社長は（この時点では社長様が社長に変わる）、健康のために何か気をつけていますか？（質問する）
そうですか！何時頃お帰りになりますか？いつもは何時頃ならいらっしゃいますか？
いないからといって自分から電話は切らない。取れるだけの情報を取ることにより次回に繋げる
気をつけていない
それは大変ですね！社長様というのはお仕事柄知らない間にストレスが溜まりますから、保健師・看護師の私に一度ご面談のお時間をとっていただいたら安心ですよ。
気をつけています
何をなさっているんです？ゴルフとか、アスレチックとかですか？（相手の答えによって社長の興味関心内容がわかり次の話に展開しやすい）時間もいらず、体も動かさず簡単に健康を保つ方法があるんですが、1分だけお時間くださいませんか！
そうですよねー。社長業って忙しいですよね？だからこそ、私の提案が社長様に役に立つんです。忙しい社長様にこそ役に立つんですよ。FAXって電話番号と同じですか？（違うよ）1分でわかるFAX案内を差し上げますからFAX番号教えていただけませんか？必ず喜んでもらえますから！（1分という短い時間の提示で簡単！と思わせる）
いいですよ
今忙しい
自分の扱っている商品の他商品との違いを3の利益に基づいて話す
ダメ押しで
FAX番号は聞いておく

1つめの利益です。

「続けて使えば、健康になります」と言っただけでは**インパクトに欠ける**ので、このように言い換えました。

憶測ですが、45日間健康食品を食べ続ければ、結果は出ます。30日とか60日としないで、あえて45日としたのは、**奇数のほうが印象に残る**からです。

③健康配達人

2つめの利益です。

「配達できる」という利点を一言でまとめました。

自分が電話をかけた理由も一言で伝えられます。

④保健師・看護師

３つめの利益です。

いわゆる**他者との差別化**で、自己ブランディングをすることにより、**一瞬で相手の信頼を得る可能性**が広がります。

⑤○○社長様お願いできますか？

ホームページで調べれば社長の名前はだいたい分かりますので「○○社長様」と個人名で呼びましょう。

また「いらっしゃいますか？」と聞く人が多いのですが、「お願いできますか？」の方が、毅然とした問いかけの印象を与えます。

「お願いできますか？」は社長がいることを前提とした会話になります。

一方、「いらっしゃいますか？」は、いないかもしれないということが前提になっています。

最近のテレアポや電話営業では「いない」と言われた瞬間に「では、また改めます」

と急に元気になる人がいます。

「やれやれ、いなくて良かった」なんていう気持ちがみえみえです。

⑥社長は、健康のために何か気をつけていらっしゃいますか?

社長につないでもらったら、**質問**をします。

相手に話をさせるには、質問をするのが1番でしたね。

質問されれば、相手は答えざるを得ません。

しかも、もし、その質問が相手の話したい内容だったら、喜んで答えてくれます。

そのためには、電話先の相手について知る必要がありますよね?

先ほどもお話ししましたが、法人相手に電話をかける場合、必ずホームページなどをチェックしてから電話するようにしましょう。

相手が何について詳しいのか、何を質問したら喜んで話してくれるのか知ることが必要だからです。

質問は相手によって変えてもいいでしょう。

電話を切られてしまいそうになったら…

もし、あなたが電話を切られてしまいそうになったとしましょう。

そのときに、もし、あなたが相手のＦＡＸ番号を知っているのなら

「では、資料を送らせていただきますのでご覧ください。ご覧いただいた頃に再度お電話させていただきます」


と言って電話を切ります。

こう言われると相手は、わりと簡単に「いいですよ」と言ってくれます。

なぜなら日本人の多くは、あうんの呼吸で**「断りたいのを分かってくれただろう」**と安心するからです。

しかしながら、「10秒で決めるテレアポ&電話営業術」では、**5分後に再度電話をかけます。**

すると多くの場合、電話先の相手は驚きます。

ただ終わっていたなら、結果の出ない見込み客リストが増えるだけです。

ですから、5分後に必ず電話をかけましょう。

3分後でも20分後でもダメです。

5分後に電話するんです。

なぜ、5分後に再度電話をするのか？

なぜ5分後に再度電話をするのかというと、そこで**相手の興味、関心度が分かる**からです。

興味、関心度の低い相手にいつまでも時間を費やす必要はありません。

あなたの時間は限られています。

ですから、**2・8の法則（パレートの法則）**を信じて、**聞く耳を持つ人**

「パレートの法則」とは？

イタリアの経済学者パレートが発見した法則で、全体の20%の高額所得者が社会全体の所得の約80%を占めると言われています。別名「2：8の法則」とも言われます。他の現象にも適用できると考えられ、全商品の20%が80%の売上を作る、全社員の20%が全体売上の80%を作る…、など様々な場面で使われています。

だけに自分の時間を捧げるつもりで営業しましょう。

逆に、もし、FAX番号を知らないのなら

「FAX番号と電話番号は同じでしょうか?」

と聞きましょう。

人間は、とっさの質問には意外と正直に答えてくれるものです。

「必ず役に立つ、健康資料をお送りしますので、ぜひ目を通してください」

と電話を切ります。

補足しますが、**「読んでください」とは言わないのがポイント**です。

「読む」という作業はけっこう大変なイメージがありますから、できるだけ使わないようにします。

FAXの例

様

「健康に自信がある!!」言い切れますか？

40代以上の男性で会社の検診異常なしは10人に3人未満

健康	半健康	半病気	病気
健康人 health	半健康人 poor-health	半病人 poor-disease	病人 disease

◀本来の状態▶ ◀10人中7人はこの健康レベル▶

病気の原因の8割は誤った生活習慣
健康は自己責任の時代
生活習慣病（薬では治りにくい癌や高血圧）も栄養代謝の異常と深く関連
体は毎日必要としている50種類以上の栄養素

病気！病気は突然やってくる。
必然が引き起こす突然。
あなたの体を守ります。
時間をかけて、しのび寄る病気から守ります。
馬鹿にしていませんか!!サプリメントの力

高いレベルの健康状態を維持する必要があるスポーツ選手や過酷な仕事をこなすビジネスマン、そして情報通の方々は、すでに不足欠乏している栄養を手軽に補う手段としてサプリメントを活用しています。

サプリメントを
生かすも殺すもアドバイザーの腕次第

ほかでは得られない　継続的な個別サポートで社長の健康を応援します。

45日に感謝される健康配達人
○○○○○○○○○○○○○○○○○○○○○○○○○○○○○○○○

ＦＡＸを送ることにより、再度の電話につなげるんです。

繰り返しますが、10秒で決めるスクリプトは相手の興味、関心を引き出すことに力を入れます。

なぜなら、**最初の10秒で興味、関心を持ってもらえなかったら、その後はない**からです。

断られることを前提に話し出すことはないんです。

いつでも契約、クロージングにいけるスクリプトを用意して、契約できることを前提に電話をするようにしましょう。

まとめ（法人編）

- ●ホームページを事前に必ずチェックしよう
- ●ホームページの情報でラポールを築こう
- ●商材と顧客をマッチングしよう
- ●社長（決定権者）と話をしよう
- ●資料をＦＡＸしたら、５分後に必ず電話をしよう

（個人編）スクリプトの作り方

今度は、個人向けの電話営業スクリプトの作り方を見ていきましょう。個人営業用のスクリプトは、130ページであげた「ゲルマ温浴器」を例にとって解説します。

3つの利益を書き出す前に…

まず、商材の3つの利益を書き出しますが、あなたは、ゲルマ温浴器をご存知ですか？

131ページでもお話ししましたが、3つの利益を書き出すために、あなたはその商材のプロにならなければいけません。

商材に精通していなければ、3つの利益なんて分からないいんです。

このゲルマ温浴器は、２層のタンクが２段階になっていて、腕と足をゲルマ粉末を溶かした湯槽に20分くらい浸すことにより、血流が良くなります。

エアロビクスを２時間するのと同じエネルギーの代謝があり、体脂肪率を下げ、健康と美容にいいダイエット効果もある器械です。

通常は、エステサロンとか整体院などで、業務用として使っていますが、この商材は、個人使用のものでした。

一般家庭に普及している器械ではありませんが、街を歩けば、ゲルマ温浴１回２０００円という立て看板が立っていますし、インターネットで検索してもサービスをしているサロンがたくさんあります。

特に若い方は、ほとんど知っています。

その器械を電話営業で販売するのをお手伝いしました。

スクリプト①

○○様のお宅ですか？血流サラサラ、お肌ツヤツヤ、肩こりスッキリ、ゲルマ温浴の△△ですが、○○様はゲルマ温浴はご存知ですか？

10秒間の間に電話先の相手が受ける3の利益を端的に、擬音や具体的な数字で伝える。
慣れてきたら、電話先の相手の年齢や性別によって最初に言う言葉を変える。

↓ **知らない**

僅か20分、手と足をゲルマニウムを溶かした42度の温水につけるだけでダイエット・美容・健康効果がある、話題の健康法ですが、○○様はゲルマニウムって聞いたことありますか？

電話先の相手の答えによってトークを変える場合と、変える必要がない場合がある。
ゲルマニウム温浴器の場合には変える必要がない。

↓ **ある**　**ない** ↓　**知っている** ↓

ゲルマニウムは難病さえ治す奇跡の元素で（療や研究に使われています。サルノコシカケ、高麗ニンジンなどにも含まれていて漢方薬の原料になるものです）
〈（〜）の中を言うか言わないかは電話先の相手の雰囲気によって変える〉
それを、温泉に入っているような気持ち良い中で、皮膚から簡単に身体に吸収することにより細胞の活性化を促すんですよ。

電話先の相手が18歳〜50歳くらいの場合
○○様は、ダイエット・美容・健康の中では何に1番興味ありますか？

電話先の相手が50歳以上の場合
○○様は、肩こり、腰痛、高血圧などの症状はありませんか？

＜ダイエット＞に興味があると電話先の相手が答えた場合

ゲルマ温浴をすることにより新陳代謝を活性化し、大量に汗をかき体脂肪を燃焼させ、効率よくカロリーを消費させることができるんですよ。
1回・20分の温浴で、エアロビクス2時間分の効果があるんですが、
○○さん、あの激しい体操・運動を2時間もできますか？
（できないという答えを想定して質問する）

↓ **できない**

そうですよね。普通、時間も体力も続きませんよね。
でも、20分リラックスしながら、気持ちよい時間を過ごしながら2時間のエアロビクスと同じダイエット効果を得ることができるなんて凄いでしょう！

＜美容＞に興味があると電話先の相手が答えた場合

細胞の活性化により肌の張り、艶を保ち、化粧ののりが良くなり全身の肌が若返りたるみや筋肉の衰えを防ぎます。

＜健康＞に興味があると電話先の相手が答えた場合

身体の老廃物が排出され血液をサラサラ状態にします。血液の流れを良くし新陳代謝を良くすることにより身体を弱アルカリ性に保ち、肩こりや冷え性、腰痛、婦人疾患や慢性的症状の回復に効果があります。

スクリプト②

＜同時に、楽しみもあることを伝える＞

忙しい毎日を送っていると息抜きをしたいなー、温泉にでも行きたいなーと、思ってもなかなか時間が取れませんよね。

また温泉に行くにも結構お金がかかりますからね。家族4人で行こうとしたら簡単に10万円くらいかかってしまいますよね。

でも、ゲルマニウム温浴なら、僅かな金額で
いつでも、どこでも、何度でも、
気軽に楽しめて、リフレッシュし体質改善ができるんですよ。
○○様には、ご案内状送らせていただけるんですが、お送りしてよろしいですか？

↓良いですよ　　　　いりません↓

FAXと電話番号は同じですか？

では、今FAXさせていただきますから、見てくださいね。

＜電話先の相手はFAXといわれて意外に思う＞

つい、はい。と言ってしまう、可能性が高い。

＜FAXがない場合には＞

では、郵便で送らせていただきますね。

ご住所の確認ですが○○でよろしかったでしょうか？
○○様、お名前を教えていただけますか？
どのような字を書きますか？


気軽に、簡単に、リラックスしながら美容・健康・体質改善に役に立つ情報をお送りしますから楽しみにしていてくださいね。

（ゆっくり、はっきり、じっくり話す）

いつもこのくらいの時間だったらいらっしゃいますか？

いつも何時くらいならいらっしゃるんですか？

FAXを送った場合には着いた頃（5分後くらい）に再度電話する
再度の電話で一緒にFAXを見ながら、一気に人間関係を作る

＜最後に＞

私、ゲルマ健康増進会の△△と申します。

会社は○○といいますけど、私はゲルマ健康増進会の△△と申しますので、何か気になることがあったら気軽にお電話くださいね。
○○さんメモできますか？私の電話は00-000-0000です。

ターゲットは誰か?

個人のお客に電話をする場合、何かのリストがなければ、**電話帳でターゲットを絞り電話をかける**ことになります。

この場合、電話先にどのような人が出るのか分かりません。

女性なのか、男性なのか?

若い人か、年配の人か?

ただ、いずれにしても、相手は何度もテレアポや電話営業をかけられているでしょう。

もしかしたら、悪徳訪問販売会社の犠牲になった経験があるかもしれません。

電話帳を使う場合、**どんな人が電話先の相手になっても不思議はないん**です。

まずは、見込み客リストを作る！

法人相手の場合と同様ですが、個人相手の電話でも、**できる限り相手の情報を取ってから電話をするのが基本**です。

ですが、電話帳がリストでは、それを最初からするのは無理がありますね。

ですから、電話帳からはじめる場合には、順序を踏みましょう。

法人向けの電話は、誰が電話に出るのかは、はっきりと分かっていますので、１回目の電話から契約を見すえたものになります。

一方、個人向けの１回目の電話は、**「見込み客リストを作るための電話」**です。

見込み客になり得ない人たちを、まずリストから**省く作業**になります。

例えば、女性向けの商品を扱っているならば、男性客を省くということです。

電話をかける前にまず、**見込み客がどのような人たちかを想定しましょう。**

そして、その想定見込み客に合ったスクリプトを作ります。

なぜなら、**想定見込み客がどのような人たちかによって、ニーズ（欲しいもの）が違ってくる**からです。

では、ゲルマ温浴器はどのような人たちにニーズがあるのでしょうか？

どのような人たちの欲求を掘り起こせるのでしょうか？

想定見込み客を意識した3つの利益

ゲルマ温浴器は、血流を良くします。

ゲルマ温浴器は、ダイエット効果があります。

ゲルマ温浴器は、美容効果があり、肌の艶を良くします。

ゲルマ温浴器は、肩こりや腰痛を改善します。

利益をあるだけ書き出し、それを最初の10秒でまとめます。

「もしもし、○○様のお宅でしょうか？　血流サラサラ、お肌ツヤツヤ、肩こりスッキリ、ゲルマ温浴器の浅野です」

この10秒はＴＶや雑誌などで言えば、**キャッチコピー**の役目になります。

3つの利益を瞬間的に並べかえる！

ここからが大事です。

私はテレアポや電話営業をする場合、**電話に出た相手により、瞬間的に10秒トークを並べかえます。**

どういうことかというと、具体的には、**電話先の相手が1番関心を持つトークを、最初に持ってきます。**

なぜなら、**人間の耳には、最初の言葉が入りやすい**からです。

「もしもし、○○様のお宅でしょうか?」で相手の耳慣らしを済ませたら、3つの利益を瞬間的に並べかえるんです。

例えば、電話に出たのが

①若い女性なら「お肌ツヤツヤ」
②年配の女性なら「肩こりスッキリ」
③年配の男性なら「血流サラサラ」

を最初の言葉にします。

そして次のスクリプトは、若い女性なら「お肌ツヤツヤ」について重点を置いたスクリプトを使うんです。

同様に、年配の女性なら「肩こりスッキリ」を最初の言葉にかえて話をはじめ、肩こりや腰痛について詳しく話せるスクリプトを使います。

そうすることにより、あなたは**電話先の相手の望む情報を的確に、10秒で伝えることができるんです。**

ターゲット以外の人が電話に出たら…

個人向けに営業の電話をかける場合、どんな相手が電話に出るのか分かりません。

当然、**ターゲット以外の人が電話に出ることが多々あります。**

もし、このゲルマ温浴器のように、あなたの扱っている商品が万人向けのものであれば、対象（電話に出た人）によってかえるスクリプトを作成します。

ですが、もし、若い女性にしか売れないものだったらどうしますか？

男性が電話に出たとしたら、そのまま電話を切ってしまいますか？

たしかに、199ページで説明したように、最初の電話は「省く電話」です。

ただ、せっかくつながった電話です。

せめて一言

「若い女性のご家族はいらっしゃいますか?」

と聞きましょう。

そこから、次につながるかもしれません。

対象以外の人が出ても、あわててすぐに電話を切らないように、あらかじめスクリプトを作成しておくことが大切です。

電話を切られてしまいそうになったら…

法人向けの場合、電話を切られてしまいそうになったら、FAX番号を聞き、資料を送ります。

では、個人向けの場合も、同様にすればいいのでしょうか?

Chapter 5

資料の例

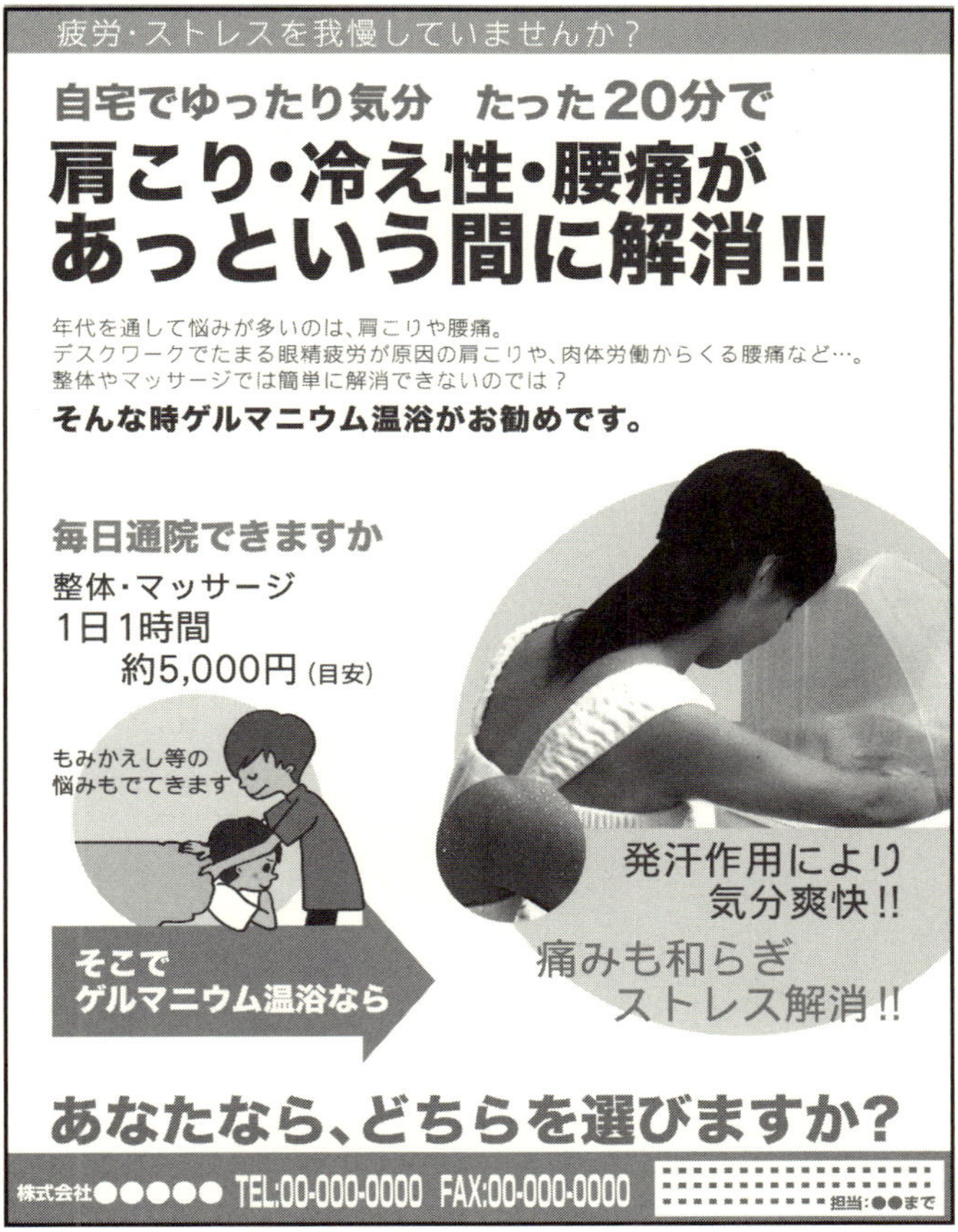
疲労・ストレスを我慢していませんか？
自宅でゆったり気分　たった20分で
肩こり・冷え性・腰痛が
あっという間に解消!!
年代を通して悩みが多いのは、肩こりや腰痛。
デスクワークでたまる眼精疲労が原因の肩こりや、肉体労働からくる腰痛など…。
整体やマッサージでは簡単に解消できないのでは？
そんな時ゲルマニウム温浴がお勧めです。
毎日通院できますか
整体・マッサージ
1日1時間
約5,000円（目安）
もみかえし等の
悩みもでてきます
そこで
ゲルマニウム温浴なら
発汗作用により
気分爽快!!
痛みも和らぎ
ストレス解消!!
あなたなら、どちらを選びますか？
株式会社●●●●●　TEL:00-000-0000　FAX:00-000-0000
担当：●●まで

個人宅の場合、私は**ＦＡＸよりも郵送をオススメ**します。

なぜなら、個人は

「色使いがキレイ！」

「高級感があって、好き！」


など、抽象的なものを好む傾向があるからです。

ＦＡＸでは、色使いや高級感などを演出することができません。

企業などは実用性や速効性を重んじるため、ＦＡＸを送ってその場で見てもらうのがベストですが、個人になると少し事情が変わってきます。

個人向けのテレアポや電話営業で結果を出すためには、ある程度の演出が必要なんです。

電話を切られてしまう前に必ず

「お役に立つ資料を郵送しますので目を通して下さい」

と確認しましょう。

その一言が、次につながるきっかけになるかもしれません。

自己記録を作ろう！

私は、個人用のスクリプトを作った後、必ず**「自己記録」**を作ることをオススメしています。

記録する内容は「電話をかけた時間」「電話をかけた件数」「電話がつながった件数」「留守の件数」「つながった電話の中で10秒以内に切られてしまった件数」「3分以上会話した件数」などを記録します。

そのことによって、**自分の扱っている商材が誰に1番受け入れられるのかが分かる**ようになります。

男性なのか、女性なのか。

若い人なのか、年配の方なのか。

いずれにしても、**詳細なデータ**が取れます。

もしあなたが売上げに追われているのであれば、**可能性の高いターゲット、時間帯だけを攻めていけばいいん**です。

人間の集中力は限られています。

1日に6時間も、8時間も集中してやることはできません。

限られた時間の中で結果を出すためには、可能性の低い時間帯はデータを整理するなどして、**自分をコントロールすることが大切**です。

あとは基本を身につければ、完璧です！

次章は、テレアポや電話営業で**「やらなくてはいけないこと」**と**「やってはいけないこと」**についてお話しします。

いわば**「テレアポ&電話営業の基本と常識」**です。

これらは、他のテレアポや電話営業の本にも書いてある基本ルールです。

MY記録

年　月　日

本日の目標		ダイアル	
		会　話	
		契約他	

9：00 ～ 10：30		A	
		B	
		C	
10：45 ～ 12：00		A	
		B	
		C	
13：00 ～ 14：30		A	
		B	
		C	
14：45 ～ 16：00		A	
		B	
		C	
16：15 ～ 18：00		A	
		B	
		C	
		合計	

本日の成果		本日の反省	

A…　B…　C…

※A、B、Cは自分で決める
（例えばA「ダイヤルした回数」、B「つながった件数」、C「3分以上話しをした件数」など）

ですが、基本だからといってバカにしてはいけません。

セミナーなどをやっていて感じるのは、**この基本を知らない人が意外に多い**ということです。

164ページでも書きましたが、**成功する人はみな基本に忠実な人**です。

初心者の方には、特に大事な部分です。

ベテランの方も、おさらいのつもりで読んでください。

まとめ（個人編）

●まずは「省く電話」をして、見込み客リストを作ろう
●電話に出た相手によって、3つの利益を瞬間的に並べかえよう
●ターゲット以外の人が電話に出てもあわてない
●資料は郵送で送ろう
●自己記録を作ろう

Chapter 6

意外と知らない！　テレアポ＆電話営業の基本 ～話し方から心理術まで～

やるべきこと①

イエスイエス法を使おう！

先日、こんなことをメルマガに書いているコンサルタントがいました。

テレアポや電話営業で成功するには

①断り文句一覧を整理する
②その断り文句に対する切り返しを検討し、マニュアル化する

あなたはどう思いますか？


これはこれで、ひょっとしたら正しい方法かも知れません。

でも、**断り文句に対する切り返しをすれば、やはり押しつけのテレアポや営業電話になってしまう**でしょう。

相手は**自分の意見や考えを否定されたと**感じます。

切り返し話法というのは、イエスバット法にすぎません。

切り返し話法やイエスバット法というのは

「こんな不景気なときに、複合コピー機なんか必要ないよ！」
と言う相手に対して、それを打ち消すように
「そうですよね。不景気ですよね。**でも**、そんな不景気なときこそ設備投資するべきなんです」

と相手の話に即座に反論して、あなたのもって行きたい結論に話をリーディングする技術です。

こうした話法は、フェイスTOフェイスならたしかに有効な方法です。

ですが、**フェイスTOフェイスで有効な手段であっても、電話では逆効果の場合がある**んです。

電話では、顔の表情が分かりません。

電話では、相手の嗜好が分かりません。

電話では、相手の性格が分かりません。


つまり、テレアポや電話営業は顔が見えないため、**言葉の使い方や、リーディングが面談営業よりはるかに難しい**んです。

そんな状況で、あなたはどうやって相手に切り返しますか?


私だったら、**イエスイエス法**を使います。

イエスイエス法は、**相手に合わせる話法**です。

仮に、相手が間違った情報に基づいて話しているなと思っても
「そうですよねー」

「それはすごいですねー」

を繰り返します。

そして頃合いを見計い、**「それって、見方を変えるとこういうことではないですか?」**と自分の考えを話します。

表と裏、利点と欠点は紙一重ですから、見る視点を変えると、けっこう同じ結論になります。

いずれにしても、「電話営業のノウハウ」と「面談営業のノウハウ」は微妙に違います。

「面談営業」で使えたとしても、「電話営業」には適さないものがあるということを覚えておいてください。

やるべきこと②
ラポールを築こう！

人と人の密着度が高まる要素はたくさんありますが、1番大事なのは「受容」と「共有」です。

受容とは、**相手を受け入れる**こと。

共有とは、**同じ価値判断や感情を持つ**ことです。

この「受容」と「共有」から、ラポールは生まれます。

ラポールとは、精神分析的心理療法の用語で、クライエント（患者）と治療者の間に、**信頼関係ができている**ことをいいます。

ラポールが十分に形成されてはじめて、クライエントは治療者に心を開き、自分の不安や葛藤を表現できるようになります。

それらを治療者が受容し、理解することによって、さらに信頼関係が強化されます。

テレアポや電話営業でも、相手と自分との間にいかにラポール（理解と相互信頼に満ちた関係）を築くかがポイントです。

電話先の相手がまだ会ったこともないあなたに心を開き、コミュニケーションを取れる状態にするんです。

電話では言葉しか使えないので、ラポールを築くのは容易ではありませ

「ラポール」とは？

フランス語で「橋を架ける」という意味です。自分と相手の間に橋を架けること、つまり心が通い合っている状態を「ラポール」といいます。

ん。

ですが、ラポールを築くことは可能です。

そのためには、まず相手を「受容」することです。

契約率が倍になる最強の3つの言葉

相手を受容するには、次の3つの相づちがポイントになりますので、覚えておきましょう。

①そうですよねー。
②それは素晴らしい！
③教えてくれますか？

この3つの言葉を有効に用いることにより、あなたのテレアポや電話営業の力は見違えるように伸びます。

この3つの言葉はテレアポや電話営業を確実なものにする魔法の言葉なんです。

例えば、電話営業の電話をかけたときに、相手が自分とは違う理屈を主張したとしましょう。

そのとき、あなたには2つの選択肢がありますね。

1つは、**自分の考えや理屈を主張する**こと。

もう1つは「そうですよねー」と**相づちを打つ**ことです。

あなたなら、どちらを選びますか？

理屈で勝っても、何も生まれない！

相撲の解説者がよく言います。

「Aの方が良い相撲内容でしたよね。相撲には勝っていましたし、型にもはまっていましたね。Bにはいいところが何もありませんでした。でも、Aは勇み足ですから、**相撲に勝って勝負に負けた**というところでしょう」

あなたは勝負に勝たなくてはいけないんです。
相撲に勝ってもダメなんです。
勝負に勝つということは、**売上げが上がる、契約が成立する**ということです。
理論や理屈で勝っても、何も生まれないんです。
だから、あなたは**「そうですよねー」と相づちを打つべき**なんです。

誉められて、嫌な気分になる人はいない！

電話先の相手が、少しでも良いことを言ったら、すかさず言いましょう。

「それは素晴らしい！」

「素晴らしい！」と誉められて、嫌な気持ちになる人はいません。

例えば「何で、今頃ホームページの営業なんだよ。当社は5年も前から持っているよ」と断られたとしましょう。

あなたなら、どうしますか？

「あー、そうでしたか。失礼しました」（ガチャン）じゃないでしょうね。

私なら「**それは素晴らしいですね！**　時代の先端を行っていたんですね。では、○○なんかも、すでに導入なさっているんでしょうね」と、先端の技術について聞いてみます。

こういう場合は、意外と、5年前から全然手を加えていないなんてこともあるんです。


電話先の相手がせっかくくれた情報を、会話のつなぎに活用しない手は

ありません。

そこから話が弾んで、「一度話を聞いてみようかな」となることもあります。

自我の欲求を満たしてあげる！

次に使えるのが**「教えてください」**というフレーズです。

人は物を教えることが基本的に好きなんです。

それも自分の得意なこと、好きなことについては、特にです。

教えることによって、「自我の欲求」を満たすんですね。

ですから、電話先の相手が得意なこと、好きなことが何かを知ることは大事です。

もし知らなかったら、会話の中から感知することが大切です。

相手の好みを感知するには、感知する能力を高めることが1番ですが、それはなかなか難しいことです。

ですから、**好みを自然に感知できるような、答えが出るようなスクリプト（台本）をあらかじめ用意**しておきましょう。

やはり事前のスクリプト作りが大事です。

例えば

「1つ教えていただけますか？　社長の会社では、どうしてそんなに早くからホームページに目をつけることができたのですか？　当時としては、画期的だったでしょう？」

質問をするのと同時に、さわやかに敬意も払っていますので、高い確率であなたに気持ちを開いてくれるでしょう。

やるべきこと③

社長（決定権者）と話そう！

ところで、質問です。

自分に利益をもたらす電話をガチャンと切るのは、どんな人たちだと思いますか？

受けた電話が自分に関係ないと感じる人たちでしょうか？
受けた電話は自分から利益を奪っていくと考えた人たちでしょうか？

残念ながら、違います。

19ページでもお話ししましたが、ほとんどの場合には、**内容を知る前にガチャンと切る**んです。
まさに、パブロフの犬状態です。

自分に利益を与えてくれる相手の電話を、ガチャンと切る人はいませんから。

それでは、また質問です。

自分の会社に利益を与えてくれる電話の内容を、1番聞きたい人は誰でしょうか?

会社のことを1番真剣に考えている人は誰でしょうか?

あなたですか?

部長ですか?

専務ですか?

全て違います。

答えは、**社長**です。

だって社長以外の人は、会社が倒産したって、またどこかに転職するチャンスがありますから。

ですが、会社を倒産させた社長は、なかなか次のチャンスに出会えません。

マイナス、それも大きなマイナスからのスタートになります。

ですから、社長はいつも、いつも会社のことを考えています。

まず考えるのは、会社を倒産させないことです。

どうやったら、売上げが伸びるのか？

どうやったら、利益が出るのか？

どうやったら、経費節減できるのか？

どうしたら、生産性が上がるのか？

どうやったら、社員のモチベーションが上がるのか？

新しい商材はないのか？

どうやったら新規の客を採れるのか？

常に考えています。

必ず社長（決定権者）を呼んでもらう

そういった社長に、悩みを少しでも解決してくれる情報を伝えたら、どうでしょうか？

必ず、飛びついてきます。

しかも、喜んで。

ですから、話をする際には、**必ず決定権者と話をしましょう。**

その方が、時間の節約にもなるし、売上げを作るチャンスも増えるんです。

経営者にとっては、取引をする相手の年齢、営業経験、会社の規模なんてあまり興味はありません。

自分に利益のある情報を持っているのか、その人と面談することが自分の会社にとって有益かどうかが判断基準なんです。

これは、個人営業でも同じです。

この電話は自分にとって有益なのか、不利益なのか？

常に考えているんです。

電話に出た人が、社長と同じ考えを持っているとは限りません。

「親の心、子知らず」と言うじゃないですか。

社長がもっと会社を良くするための情報を日々欲しがっているなんて、考えもしません。

ただ単に、面倒だからとか、前にテレアポの電話を受けて嫌な思いをしたからなんて理由でガチャンと切ってしまうことは、よくあることです。

ですから必ず、決定権者と話すようにしましょう。

電話を切る勇気も大切！

先日、電話営業の指導をさせてもらっている現場で、すごい長話をしている担当者がいました。

いつまでたっても、クロージングにいかないんです。

見ていると、営業社員は一生懸命、電話先の相手にお世辞を言って、いい気持ちにさせているんです。

これに対して、電話先の相手は、ドンドン話をしてきます。

どうも自慢話らしいんです。

それも遠い昔の。


こういうケースは、お子さんに代を譲った隠居さんで、じつは実権がない場合が多いんです。

自分で作った会社やお店ですから、内容はよく知っているんですが、残念ながら実権、決定権はないんです。


実権、決定権のない人といくら話しても時間の無駄ですから、思い切って、失礼のないようにこちらから電話を切りましょう。

また、**実権、決定権があるかないかは、きっちり聞く**ようにしましょう。

遠慮して聞かないのはよくありません。

限られた時間、限られた経費、限られた能力の中で結果を出すためには、**見込み客になり得ない人たちを省く勇気が必要**なんです。

どうやったら社長は電話に出てくるのか？

社長と話せばいいのは、分かっていただけましたね。

では、どうやったら、社長は電話に出てくるのでしょうか？

具体的にどうしたら、決定権者にたどり着くんでしょうか？

それをお話ししましょう。

会社の決裁権者にたどり着くには、相手の規模によって少し方法が違いますが、基本は一緒です。

これは個人のお客に電話をかける場合でも、基本は同じだと思ってください。

基本は、電話先の相手に**「この電話は、上司や社長につながなければいけない！」**と思わせることです。

「社長や上司につなげなければいけない！」と思ってもらうには、電話を切られる前に、自分の会社の受ける利益を知ってもらうことです。

つまり、10秒の間に相手が電話を切りたくなくなる、**切ってはいけない電話だと思わせる**んです。

上司に後で感謝される、社長に後で誉められる電話だと思わせることができれば、必ず電話をつないでくれます。

そのために、**最初の10秒で相手が受ける利益を伝える**んです。

ウソをついてでも、社長につないでもらうべきか？

私が実際に経験した、嫌な営業電話のお話をします。

あなたもひょっとしたら、経験があるかもしれません。


私は会社にいるときには、どんな電話にでも出るようにしています。

営業の電話であれ、テレアポの電話であれ、クレームの電話であれ、担当者にではなく、会社あてにかかってきた電話には全て出ます。


ある日、受付から電話が回ってきました。

「先日お話をされた、斉藤様から電話です」

どこの斉藤さんかなと思い、電話に出ました。

「はじめまして。私、○○会社の斉藤と申します。お忙しいところ申し訳ありませんが、少しお時間よろしいですか？」

あれ？　前に話したことがあるんじゃないの？


私は、この段階で電話先の相手に**不信感**を持ちました。

また、そんな電話をかけさせている会社に対しても不信感を持ちました。

この時点で、もう、聞く耳は持っていません。

聞く姿勢にはいません。


テレアポや電話営業では、相手に聞く耳を持ってもらうために、いろいろな努力をします。

ですが、**小手先のだましのテクニックで、キーパースンと電話で話ができても、その瞬間から電話先の相手の聞く姿勢は消滅します。**

そこから前に進むことはありません。

ガチャンと切られてしまうでしょう。

そしてテレアポや電話営業のイメージがダウンし、他のまじめなテレアポや電話営業の人に多大な迷惑をかけてしまいます。

たしかに「以前に話をした斉藤です」と言われれば、受付の人は知り合いだと思いますよね？

こうして受付は5秒や10秒で突破できますが、そのような突破のしかたでは、キーパースンと話をしても、**契約につながることは絶対にありません。**

ですから、必ず正統派で受付を突破しましょう。

そのために、10秒で電話先の相手の受ける利益を、具体的に分かりやすく伝えましょう。

受付の人が分かりやすいように、そして「上司や社長に伝えなくては！」と思ってもらえるような電話の使い方をしましょう。

もし、社長が不在だったら…

それでは、もしも社長が不在だった場合、あなたはどうしますか？

そのまま電話を切りますか？


ちょっと、待ってください。


じつは、**会社によっては、必ずしも社長が担当でない場合もあります。**

例えば、当社では私が最終決定権者ですが、私は会長です。

ですから「社長様いらっしゃいますか？」と聞かれたら「いません」と答えます。

すると、多くの人は、決裁権者の私が電話に出ているのに「では、また改めます」と言って電話を切ります。

あなたにも心あたりがありませんか？

なぜ、一言**「ではご担当の方お願いできますか？」**とか、**「ご担当は○○社長様ですか？」**と聞かないのでしょうか？

誰と、どんな話をしたいかを相手に告げることなしに、目標に到達することはありません。

電話先の相手は、そんなに親切ではありません。

何か販売したいときに「買ってくれませんか！」と言うことなしに、販売はできませんよね？

ですから、社長が不在でも、**別の担当者を出してもらうか、あるいは社長が決定権者かを必ず確認するようにしましょう。**

やってはいけないこと①

具体的な金銭の話をする

テレアポや電話営業で、**気をつけなければならないこと**がいくつかあります。

まずは、「金銭の話題」です。

金銭的メリットを伝えようとする電話営業の方が多いのですが、なかには**金銭的な負担が大きくなるケース**も多々あります。

ですから、まずは機能上の、ソフトから説明し、納得してもらうのが先だと思います。

機能が良くなって、かつ金銭的負担も軽くなるなんて上手い話は、そうそうあるものではありません。

まずは金銭的なメリットよりも、いかに電話先の相手の仕事に役立つか

を伝えるようにします。

電話営業では、契約にいたるまでは、数字はできるだけ面談営業に持ち越しましょう。

「そうですよね。数字は1番重要なポイントですよね。だからこそ、私はじっくりと納得のいくように、ご面談させていただいたときにお話をさせていただきたいんです」

といった具合に、話を進めましょう。

やってはいけないこと②

数字のトリックを使う

また、絶対にやってはいけないのが、**数字のトリック**を使うことです。信頼を失くしてしまいますから、絶対に次につながりません。

実際に私の会社に来た、コピー機の面談営業の例です。

私は自分が会社にいる限り、必ず面談に応じますし、暑いときには冷たい飲み物を、普通はコーヒーを必ず出して話を聞きます。

自分が面談営業に行ったときにそうされたら嬉しいですからね。

まあ、それはさておき、話を聞いてみると、これがなかなか良いんです。

カラーコピーができて、スキャナー機能がついていて、コンパクトで、しかも今のリース料より若干月々の支払いが安い！

正直、グラッときて、契約しようかなと思いました。

でも「あれ？」と思ったんです。

なぜなら、今より性能が良くなって、しかも支払いが安くなるなんて、話が上手すぎますよね？

ですから、聞きました。

「これ、何年リース？」

すると、面談の相手がモジモジしているんです。

思いがけない質問って感じで。

そして見当違いの説明をして、機能がいかに優れているかって話を延々と続けるんですね。

ですから、また聞きました。

「いや、私が知りたいのは機能の問題じゃなくって、支払い期間のことだよ」

すると「6年です」と返ってきました。

今の支払いは5年契約です。

5年と6年では12回も支払い月が多いから、**毎月の支払額が少なくなるのは当たり前**です。

そこで5年にして計算してみたら、**今の支払額よりも、だいぶ高くなる**

ことが分かりました。

こういう数字のトリックでその場を取り繕っても、いつか必ずバレます。

ですから、営業では数字のトリックは絶対に使わないことです。

これは、電話営業でも同じなんです。

電話営業は、電話を使ってのプレゼンですから、やはり数字の問題はつき物です。

とにかく、電話のプレゼンを成功させるコツは、主に2つです。

絶対にウソは言わないこと。

そして、**言わなくていいことは言わない**ことです。

当然、聞かれたら誠実に答える必要がありますが、必要のないことは言わないことです。

まとめ

●押しつけにならないように、イエスイエス法を使おう
●契約率が倍になる最強の3つの言葉で、ラポールを築こう
●決定権を持つ人と話をしよう
●ウソはつかない
●具体的な金銭の話は面談でしよう
●数字のトリックは使わない

おわりに

この本を最後まで読んでいただき、本当にありがとうございます。

本書の冒頭でもお話しさせていただきましたが、私は今までの人生で4度、無一文になりました。

そして、そんな私を、そのたびに起ち上がらせてくれたのが、「10秒で決めるテレアポ&電話営業術」でした。

テレアポや電話営業を通じて様々な人々に出会い、そして仕事を通じて幅広い人脈ができました。

それが、今の私の大きな宝・財産になっています。

私自身の例を1つお話ししましょう。

私が香港にいるときです。

ロンドンの友人からある頼みごとをされました。

話を聞いてみると、ベトナム政府が日本企業に対して、投資誘致セミナーを開く予定があるそうです。

ベトナム政府の関係者も多数出席するとのことでしたが、参加企業が20社ほどしか集まらず、困っているとのことでした。

「何とか形にするために、あと80社ほど集めたいが協力してくれないだろうか?」

「いいですよ。そのセミナーはいつですか?」

「3日後なんだ」

3日後?

正直、少し焦りました。

今まで数ヶ月もかけて募集し、20社しか集まらなかったのに、**たった3日で80社を集めてほしい**と言うのです。

急な依頼でしたが、友人の頼みごとでしたので、ビジネス抜きにサポートすることにしました。

引き受けた以上、是が非でも80社集めなければなりません。

私自身は香港にいたため、集客ができません。

そこで、日本にある私の会社に電話し、至急リストを作成させました。

1部上場企業、2部上場企業をはじめとして、ベトナムに興味、関心を持ちそうな企業をインターネットなどで調べさせて、リスト化しました。

そして、**「10秒で決めるテレアポ&電話営業」**をさせたんです。

結果、３日で80社以上の会社を集め、無事にセミナーが終了しました。

「10秒で決めるテレアポ&電話営業術」で得た大きな信頼

普通なら、これで「めでたし、めでたし」ですが、物語はここで終わりません。

このセミナーの成功を機に、ベトナムの関係者が、次々にセミナー集客の依頼をしてきました。

数ヶ月の間に東京で３回、大阪で２回のセミナーを行いましたが、そのたびに「10秒で決めるテレアポ&電話営業術」で集客をしました。

そしてどのセミナーも、ことごとく成功しました。

これがきっかけとなり、私はベトナムの政府関係者や経営者たちから、大きな信頼を得ることができました。

「10秒で決めるテレアポ&電話営業術」のおかげで、ベトナムとの太いパイプを作ることができたんです。

ベトナムビジネスとの出会い

今、私はテレアポや電話営業のコンサルタントの仕事と並行して、ベトナム投資に関する仕事をしています。

ご存知のとおり、今、ベトナムの証券市場は世界中の注目を集めています。ですが、日本のように先進的なマーケットではないため、自由な売買がなかなかできません。

「ベトナムに行かないと証券取引口座が作れない」

「新規公開株を買いたいけれど買えない」

そこで、今度は彼らに仕事の依頼をしました。
「ベトナムで投資関係の仕事をしたいから、手伝ってほしい」とお願いしたんです。

結果、彼らは快く引き受けてくれました。
セミナー集客に無償で協力し、ギブし続けた私のために「一肌脱いでやろう」ということになったんです。

こうして、ベトナムビジネスとの関わりができました。
興味のある方は「GM．HK」のホームページをご覧ください。
セミナーなども定期的にやっています。

全ては「10秒で決めるテレアポ&電話営業術」からはじまった

テレアポや電話営業の仕事は、本当に素晴らしいと思います。

見ず知らずの人々を結びつけ、人脈を途方もなく拡大させてくれます。

私が今のビジネスに関わっていられるのも、全て「10秒で決めるテレアポ&電話営業術」のおかげだと言っても、過言ではありません。

人間はどん底にいると、自分の成功をなかなか信じ切ることができません。

私自身もそうでした。

今、あなた自身も様々な悩みを抱えていることでしょう。

アポイントがうまく取れない。

契約が取れない。

すぐに電話を切られてしまう。

そんな逆境に立ち向かい、苦しみながら電話をかけ続けるあなたにとって、本書が少しでも役に立つのであれば、私にとってこれほど嬉しいことはありません。

いつか、セミナーなどであなたと直接お会いできるのを楽しみにしています。

本書を手に取っていただいたことに、心より感謝申し上げます。

巻末付録 テレアポ＆電話営業の基本チェックリスト

電話をかける前

□身だしなみを整える（相手に見えないからといって、気をぬかない）
□筆記用具、メモ、飲み物などを用意する
□インターネットなどで、電話をかける相手を調べる
（→第４章125ページ、第5章174ページ）
□アポを取りやすい時間帯を考える（→第５章、208ページ）
□10秒で決めるスクリプトを作る（→第５章）

スクリプト作成

□最初の１０秒で、商材が相手に与える利益を３つ伝える（→第４章、130ページ）
□相手にあたりさわりのない（答えたくなる）質問をする（→第４章、142ページ）
□次の３０秒で商材の利益を詳しく話す（→第４章、143ページ）

電話中

□堂々と話す、御用聞きをしない（→第２章、66ページ）
□常にクロージングを考えて、戦略的テレアポをする（→第２章、71ページ）
□全てを伝えない、詳細は面談で（→第２章、75ページ）
□自分から電話を切らない（→第３章、99ページ）
□ゆっくり話す（→第３章、103ページ）
□相手に話をさせる（→第３章、103ページ）
□おちついたトーンで話す（→第３章、107ページ）
□最初に趣旨を話す（→第３章、115ページ）
□基本はスクリプトに従う（→第５章、166ページ）
□イエスイエス法を使う（→第６章、214ページ）
□ラポールを築く（→第６章、217ページ）
□契約率が倍になる「最強の３つの言葉」を使う（→第6章、220ページ）
□教えてもらうことで、「自我の欲求」を満たしてあげる（→第６章、224ページ）
□決定権者と話す（→第６章、226ページ）
□ウソをつかない（→第６章、234ページ）
□具体的な金銭の話は面談でする（→第６章、239ページ）
□数字のトリックを使わない（→第６章、240ページ）

電話をかけた後

□面談前は必ず、確認の電話をかける（→第２章、84ページ）
□場合によってはＦＡＸ、郵送で資料を送る（→第２章68ページ、第５章204ページ）
□自己記録を残す（→第５章、207ページ）
□スクリプトを作りかえる

〈著者プロフィール〉
浅野　哲（あさの・てつ）
1949年生まれ。テレアポ＆電話営業コンサルタント。
マスターリンク株式会社執行役員会長。
GM.HK 会長兼 CEO。

北海道大学法学部入学、早稲田大学政経学部卒業。
卒業後、宝飾品販売会社に出資経営参加。
テレアポや電話営業を駆使して、売上げを約10倍にする。
経営のかたわら、リクルートや船井総研などでコンサルタント業を開始。
現在はセミナーなどで、独自のテレアポ・電話営業術を教えている。
今までにない手法と分かりやすい指導には定評がある。

〈著者ホームページ〉
http://www.masterlink.jp/
http://www.gmhk.hk/

10秒で決める テレアポ＆電話営業術

2007年6月27日　　初版発行
2007年8月23日　　3刷発行

著　者　浅野哲
発行者　太田宏
発行所　フォレスト出版株式会社
〒162-0824 東京都新宿区揚場町2－18　白宝ビル5F
電話　03-5229-5750
振替　00110-1-583004
URL　http://www.forestpub.co.jp

印刷・製本　日経印刷（株）

ISBN978-4-89451-266-5　Printed in Japan